媽咪、請聽我說
傾聽孩子的「話中
Aa

國家圖書館出版品預行編目資料

媽咪請聽我說 : 傾聽孩子的「話中話」 / 歐曉青
編著. -- 初版. -- 新北市 : 雅典文化, 民105.02
面 ; 公分. -- (現代親子 ; 30)
ISBN 978-986-5753-59-7(平裝)
1.親職教育 2.親子溝通
528.2 104027344

現代親子系列 30

媽咪請聽我說 : 傾聽孩子的「話中話」

作者/歐曉青
責編/廖美秀
美術編輯/姚恩涵

法律顧問：方圓法律事務所/涂成樞律師

總經銷：永續圖書有限公司
永續圖書線上購物網
www.foreverbooks.com.tw

CVS代理/美璟文化有限公司
TEL：(02)2723-9968
FAX：(02)2723-9668

出版日/2016年02月

雅典文化

出版社
22103 新北市汐止區大同路三段194號9樓之1
TEL (02)8647-3663
FAX (02)8647-3660

Chapter 1

鼓勵—給孩子不斷進取的力量

孩子很容易對自己失去信心，很容易因為困難而放棄努力，因此，家長要不斷地鼓勵孩子，給他們前進的勇氣和必勝的信心，這樣孩子就能帶著父母的期望改正缺點，不斷進步。

Chapter 2

傾聽—認真瞭解孩子心裡的感受

每個孩子都有自己的心聲，家長一定要耐心地去傾聽，才能夠真正瞭解孩子的想法和感受，才能對孩子生理及心理上的問題、變化做出及時而適當的處理。有了這樣的基礎，親子之間才能有良好的溝通，建立良好和諧的親子關係。

Chapter 3

引導——巧妙地提醒孩子自覺走向正途

嘮嘮叨叨的說教，凡事替孩子包辦的父母是孩子最不喜歡的，聰明的家長只會在孩子遇到難題或行為錯誤時，從旁稍加提示引導，幫孩子解決疑難。這樣，孩子明白了道理家長也達到了教育的目的。

Chapter 4

訓誡——讓孩子認識錯誤、改過從新

孩子就是孩子，會不斷地出現各種不同的問題和錯誤，有些錯誤可以寬容，而有些錯誤是不能姑息的。必須對孩子進行合理、有效的管教，以確保孩子不再犯類似的錯誤，即使是再寬容的父母，也不能忽視這種合理的管教。

Chapter 5

薰陶—在生活中給孩子好的影響

家庭是孩子的第一課堂，家庭教育給孩子的影響是深遠而巨大的。因此，父母如果能在家庭生活中，透過講故事等方式，培養孩子健康的興趣與愛好，陶冶孩子的性情與品行，那麼就可以讓孩子更健康的成長。

Chapter 6

平等對待—做好與孩子良好的溝通

與孩子良好溝通的前提，就是平等地對待孩子，做孩子的好朋友。這樣孩子才會願意向你說出心裏話，家長才可以及時幫孩子擺脫各種問題。如果家長總是擺著做父母的架子，專制地要求孩子服從自己，那麼親子間溝通的大門就會慢慢關上。

Chapter 7

事前教育—先給孩子打好「預防針」

兵法上說，最好的防守就是進攻。在教育孩子時也是這樣，與其孩子出現問題後，再去管教、憤怒，還不如提前就給孩子打好「預防針」，提高孩子的「免疫力」，讓孩子少走冤枉路，少犯錯誤。

Chapter 8

疏導—讓孩子由對立變成合作

面對孩子的叛逆，既不可過度壓抑，又不可放任不管，只有抓住孩子叛逆的根源，耐心疏導，循循善誘，才能把孩子引導到正確的人生道路上來。

Chapter 9

嚴管—別讓孩子的小毛病變成大問題

生活中，孩子有時會有一些小毛病，比如霸道、沒禮貌、懶惰等等，這時候家長就要注意了，這些問題雖小，但也要嚴管，防微杜漸，否則這些小毛病就會變成大問題，到時候家長再想讓孩子改正，就不那麼容易了。不要姑息孩子的小毛病，嚴管同樣是愛的表現。

Chapter 10

認錯—讓孩子正視自己的錯誤

教育孩子就是要賞罰分明，孩子做的好就要給予獎勵，但孩子做錯事時一定不能姑息，哪怕只是小錯也要給予適度的處罰，這樣孩子才能正視自己的錯誤，及時改正，免得在錯誤裡越陷越深。

Chapter 11

自我暗示—讓孩子產生「我很棒」的自我感覺

日本教育學家鈴木鎮一說：「有了天才的感覺，你才會成為天才；有了英雄的感覺，你才會成為英雄。讓孩子找到了好孩子的感覺，他就會成為好孩子。」用虛擬的方式，給孩子製造一個「我很棒」的自我感覺，他就會逐漸「棒」起來。

Chapter 12

讚賞—讓孩子在讚美聲中進步

教育學家認為，教育孩子，獎勵是比懲罰更有效的方式。因此他們建議，用獎勵正確來代替懲罰錯誤，用肯定優點來代替否定缺點，這樣既可以避免給孩子造成傷害，又可以使孩子取得更好的進步。

Chapter 13

立規—用合理的規則讓孩子學會自制

孩子的自制能力較差，而家長「不要這樣」「不要那樣」的說教方式又容易引起孩子的厭煩，因此家長可以為孩子建立一套行之有效的行為規則，作為孩子判斷自己行為的依據，以此來約束自己的行為。

媽咪、請聽我說

傾聽孩子的「話中話」

Chapter 1

孩子很容易對自己失去信心，很容易因為困難而放棄努力，因此，家長要不斷地鼓勵孩子，給他們前進的勇氣和必勝的信心，這樣孩子就能帶著父母的期望改正缺點，不斷進步。

鼓勵

給孩子不斷進取的力量

為孩子的小進步鼓掌

孩子是非常敏感的，他們會把家長的鼓勵當成他們前進的動力，因此，家長在發現孩子有不良習慣時，要及早提醒他糾正他，告訴他正確的做法。而當孩子努力改正時，你就要肯定他，哪怕孩子只有一點小小的進步也要為他鼓掌。

在洗手間裡，媽媽發現兒子刷完牙後又把牙膏隨便扔在洗手槽裡面。媽媽非常生氣，便把尼克叫過來，不滿地對兒子說：「尼克，你應該可以照顧自己的生活了吧！你看，你又把牙膏亂放了。我不是對你說過牙膏用後要放到杯子裡嗎？」

尼克根本沒有把媽媽的話當一回事，只是心不在焉地回答：「知道了。」媽媽見兒子反應平淡，她知道自己剛才說的話並未引起他的重視，於是對他喊道：「聽著，尼克，你必須把牙膏放進漱口杯裡！」

尼克極不情願地走進了洗手間，放好了牙膏，轉身就走。「記住，以後不准再亂放了。」媽媽再次強調。

「知道了。」第二天，尼克在刷完牙後，將牙膏認真地放到杯子裡了，但媽媽什麼都沒有說。到了第三天，牙膏又被四處亂扔了。

「喂，尼克，你是怎麼搞的，為什麼你又忘了把牙膏放回原處去了呢？」媽媽生氣說道。

「我以為你忘記了。」尼克說道。

「你這麼說是什麼意思呢？」母親疑惑地望著兒子。

「因為昨天我把牙膏放進杯子裡了，而你卻什麼也沒有說！」

尼克為什麼又犯了老毛病呢？因為當他改正後沒有得到媽媽的肯定和重視，因此他洩氣了。

如果第二天，媽媽發現尼克把牙膏放進杯子裡後，讚美他說：「做得好，尼克！媽媽知道你一定能改掉壞習慣的。」那麼尼克一定會非常高興，並繼續維持這個好習慣。

舉這個例子就是為了說明，父母的鼓勵對孩子而言是具有很大意義的。如果父母能重視鼓勵的作用，靈活運用鼓勵的方式，那麼就能很輕鬆地幫孩子改掉壞習慣。

九歲的卡特有個亂丟東西的壞習慣，他每天放學一回到家，就把他的書包、鞋子、外套扔在客廳的地板上，回到房間後，又把玩具丟的隨處都是。雖然偶爾卡特也會按媽媽的要求把東西都擺放好，但大多數的時間都是隨地亂扔。

對此，媽媽試過很多方法來矯正他這個毛病，但無論是提醒他、責備他還是懲罰他，都無濟於事，卡特仍有隨處亂丟東西的壞習慣。

在上述方法都不見效的情況下，卡特的媽媽決定試試以鼓勵兒子的方法來使他改掉他的壞習慣。

這天，卡特的媽媽終於看到了卡特把自己的東西收拾的很整齊，她立即走上前去，輕輕地擁抱了一下卡特，高興地說：「你看！我就知道你不是個沒規矩的孩子！你收拾的多乾淨啊！」卡特剛開始很吃驚，但很快他的臉上

就充滿了自豪。因為他將自己的房間收拾得很整齊而受到了肯定和鼓勵，於是在這之後，他就盡力去這樣做，而他的媽媽也記著每次都對他表示認同和鼓勵。

對於正在成長中的孩子來說，日常生活中的好習慣和壞習慣同時存在，如何鼓勵孩子保持好習慣，矯正不良習慣，一直是困擾父母的難題。如果適當運用鼓勵的方式來激勵孩子，事情就會變得容易得多。

教育學家的建議是，在某些時候，父母應忽視孩子的不良行為，將自己的預期目標分成小步驟，循序漸進地做，這樣就能很順利地改掉孩子的壞習慣。

也就是說，如果一個孩子有不良的生活習慣或行為，父母不應該對此抓住不放，而應該找到孩子偶爾沒有此不良行為的時候對孩子加以鼓勵。

父母對孩子的每一個微小進步都能加以鼓勵，就是對孩子的積極行為進行強化的最好方式。哲學上講質變是由量變引起的，每天的細微進步，累積起來才可能有大的變化。因此，對於父母來說，要想讓自己的孩子徹底改掉不良習慣，就應該對孩子的點滴進步進行鼓勵。

可是生活中，大多數的家長往往忽略了孩子的微小進步，他們對孩子的期望比較高，總希望孩子能一下子達到他們的要求。因而對孩子一些細小的進步不是很注意，反應也比較冷淡。

孫路的數學成績一直是所有功課中最差的，孫路成績不錯，但數學成績的落後使得孫路的總排名受到很大的影響。這天，孫路下定決心，要將數學學好，並努力將數學變成最棒的一科。

考試了，因為有了相當時間的努力，孫路很沈著地應付了這次的數學考試。

成績出來了，孫路的數學成績竟然由不及格進步到了七十五分，孫路興奮地把成績告訴了父親，而父親在得知數學最高分是九十八分後，滿不在乎地說：「有什麼好得意的，還差得遠呢！」孫路立刻像一顆洩了氣的皮球似的，站在那兒一動也不動。

爸爸的話，使他覺得他所有的努力都白費了。

於是孫路再次放棄了數學。孫路因為得不到鼓勵而放棄了努力，試想爸爸如果能對孫路說：「很好，兒子，你進步很多！要繼續加油喔！」也許這個時候父親給予兒子的就是足夠的信心和勇氣，讓他去迎接更大的挑戰。孩子也不至於對自己較弱的學科完全失去信心。

父母對孩子的鼓勵是他在學校爭取更好表現的最大動力，而冷漠則會擊潰孩子爭取更好成績的信心。

可是大人們常常會為了孩子在某些方面的不足，窮追猛打，致使大家的注意力都對準了孩子比較不足的部份，以致雙方都喪失了信心。

其實，對於動物，鼓勵的方法是餵食物；而對於孩子而言，父母所給予的愛、寬容、關懷、耐心、理解就是鼓勵。

父母不要因為孩子的進步太小，就不願意給予鼓勵，這會使孩子覺得家長對自己的進步漠不關心，認為自己的努力白費了。時間一長，孩子就會失去進步的動力，原來可以改變一生的進步也會因為得不到鼓勵而消失。

因此，無論孩子是在學業還是生活方面，只要孩子有進步就應給予建設性的鼓勵，有好的表現就要加強鼓勵讓孩子能不斷的往前進步。

鼓勵孩子每一個微小的進步，就是在強化孩子的進取之心。不要吝惜你的鼓勵，這是幫助孩子改掉缺點必不可少的要素。

在精神上給予孩子更多的鼓勵

越來越多的父母已經意識到了，運用鼓勵的方式可以促使孩子進步。於是五花八門的「鼓勵」被用到了孩子身上，有些是精神上的，但更多的是物質上的。應該說用物質的方式鼓勵孩子是沒錯，但卻會使鼓勵變成條件交換的不健康心態。

教育學家建議：教育孩子要以精神鼓勵為主。

生活中，我們常看到這樣的場景：「兒子，這次只要你能考一百分，爸爸就送給你一輛最棒的模型車！」

「你爭氣點兒，要是能進步三名，我就帶你去遊樂園玩！」這樣的對話繼續下去，若干年後，也許就會發展成這樣：「我要是進步十名，你們要怎樣獎勵我？」

「乖兒子，你要是真的進步十名，媽媽就帶你去吃麥當勞，隨便你點！」

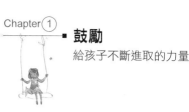

「沒意思！我不想吃麥當勞！我要 NIKE 球鞋！」

「可是，你不已經有一雙了嗎？」「我不管，我就是要！不買給我，我就——」……

多麼可悲！鼓勵變成了條件交換，孩子居然反過來跟父母談條件，這就是濫用物質鼓勵的結果。父母應當知道，獎勵是對孩子行為的積極評價，是父母教育孩子的一種重要方法。獎勵運用得好，不但可以增強孩子的自信心，而且還可鼓勵孩子不斷進步。

但這種獎勵孩子的前提卻只能是「當孩子有了某種具體的、實質性的積極行為，而父母又希望孩子持續維持下去的時候，才給予物質獎勵。」那種隨便許諾，開口就要請孩子吃麥當勞的做法，實質上並不是在獎勵孩子，而是明目張膽地談條件各取所需！

鼓勵對孩子努力向上的作用是顯而易見的，但做父母的必須明白，對孩子的鼓勵並非一定都是來自物質上的或金錢上的，精神上的鼓勵更能讓孩子感受到來自父母的溫暖。

鼓勵

給孩子不斷進取的力量

鄧超中學畢業後，以優異的成績考上了一所市立明星高中。接到通知書的那一天晚上，鄧超問爸爸說：「爸，你和媽媽都答應過我，考上前三志願高中就給我一個驚喜。現在可以告訴我驚喜是什麼嗎？」

爸爸回答說：「我和你媽媽對你的確有過那樣的承諾。原來的計畫是要出國到日本去旅行，但現在我們要和你商量一下，是否可以不去旅遊，把那筆錢省下來，以你的名義捐贈給世界展望會。」

媽媽接著說：「你能考上明星高中，我們都替你高興！也覺得應當帶你出去旅遊一趟，以表示我們對你的獎勵。但我們慎重地想了想，覺得你剛上高中，今後的路還很長，尤其是想到我們自己的孩子能上明星高中，而一些貧困的孩子卻連上學的權利都難以實現，因此……」

「我們不強迫你，你可以考慮一下，哪個更有意義！」「好吧！我們還是省下來錢捐贈給展望會吧！今後我還要幫助更多的人。」這種精神鼓勵是非常有意義的，它既包含了激勵因素，又不會讓孩子產生唯利是圖的不良心理，對孩子的成長有利無害。

但心理學家也指出，精神鼓勵也要努力處理好方式，這樣才能使鼓勵的作用發揮最大的效用。那麼，鼓勵孩子進步時，我們應當守住哪些原則呢？

一、對孩子的鼓勵要有針對性

教育學家認為，如果父母的鼓勵具有針對性，孩子們就能夠學習到什麼是好的表現，並將繼續維持這種好的表現。這就必須要求父母應該做到只讚美孩子具體的好的行為，而不是隨意讚美。比如，孩子在考試中得到好的成績，有些父母會這樣誇獎孩子：「我早就說你是天才。」其實，這種鼓勵對孩子來說只是一種負擔，把孩子的成績歸結於孩子的天賦，而不是孩子的努力，有可能會泯滅孩子勤奮努力的精神。

二、對孩子的讚美應當實事求是，講明道理

一個能大膽學習走路的孩子，第一次學習用筷子吃飯的孩子，父母能對他們進行讚美是恰當的。如果這個孩子都已經十歲了，父母還能去讚美孩子的這些行為嗎？因此，對孩子的讚美一定要切合實際，讓孩子覺得父母的讚美是真誠的。另外，在讚美孩子時講時道理也很重要，讓孩子知道這樣做為

什麼是好的、對的，培養孩子判斷是非、對錯的能力。

三、把握鼓勵孩子的時機

當孩子第一次做出過去沒有過的好行為時，要及時表達出高興和讚賞，但是當孩子不斷地表現出同樣的行為時，就應該隔幾次行為給一次讚美、鼓勵，且間隔時間越來越長，不要每次都給予鼓勵，這樣有利於孩子好習慣的養成。

在孩子決心改掉錯誤，或者，這些孩子已經改掉了錯誤，父母只要發現他們的優點或長處，都要及時進行客觀的鼓勵。尤其是對於那些意志薄弱、自制能力較差的孩子進行「及時鼓勵」更見效果。這樣做，不但可以幫助孩子擺脫自卑感，而且還能恢復孩子的自信心。

太過注重物質獎勵，會使孩子錯誤地把獎品當成追求的目標，而適當的精神鼓勵卻更能滿足孩子的榮譽感和自尊的需要。

鼓勵是送給孩子的最好的禮物

教育學家告訴我們，鼓勵是父母送給孩子成長的最好禮物，是孩子進步向上的催化劑。因此，家長們不妨多運用一下鼓勵的方法，讓孩子們在鼓勵中獲得學習的信心，以鼓勵的方式對孩子提出更高的要求，用鼓勵的方式提供給孩子進步的機會。

一天，四歲的查理斯一個人跑到一塊廢棄的工廠去玩，在那裡他看到一條電線一頭拖在地上，他於是伸手一拉，一陣火花響過，查理斯倒在了地上，幸虧一個工人衝過去救了他。

查理斯被送到醫院，小命保住了，但兩條胳膊卻被截掉了！三年以後，查理斯到了該上學讀書的年齡。但是，由於肢體殘疾，他不能像其他小朋友們那樣正常的學習生活，因此只好留在家裡。

每天早晨，查理斯看著小朋友們高興地從他家門前經過去學校時，便感

到十分難過，他用一種求助的眼神問媽媽：「我的胳膊和手都沒了，怎麼辦呀？」

媽媽拍拍孩子的肩膀，鼓勵他說：「孩子，不要著急，只要你持續鍛鍊，你的胳膊和手還會再長出來的。」聽完母親的話，查理斯臉上露出了燦爛的笑容。

於是在媽媽的幫助和指導下，他開始了艱苦的訓練過程，他學著用腳洗臉、吃飯、寫字，以及做一些在自己能力範圍內所能做的事。查理斯心中充滿了希望，他堅信只要努力練習，失去的胳膊和手又會再長出來。他牢牢地記住了媽媽的話。

兩年過去了，查理斯發現胳膊和手還是沒有長出來，袖口依然是空洞洞的。他感到有些疑惑，禁不住問媽媽：「這是怎麼一回事，我的胳膊和手怎麼還沒有長出來呢?是不是我不夠用心？」這一次，媽媽的眼神充滿了希望，溫柔地說道：「孩子，你好好想一想，別人用胳膊和手做的事情，你不也都會了嗎？」

「是的，我用腳代替了胳膊和手，而且，有些事情做得比其他小朋友還要好呢！」查理斯自豪地說道。

「聽我說，孩子，每個人都有一副堅強的臂膀和一雙強有力的手。而這些東西都裝在自己的心裡，只要你願意，它就能幫助你戰勝一切困難和挫折。」

查理斯終於明白了，媽媽確實沒有騙他，經過不斷訓練的胳膊和雙手是強大無比的！從此，男孩更加刻苦學習，那無形的胳膊和雙手幫他渡過了一個又一個的難關，並擁有了美滿幸福的人生。

媽媽的鼓勵，使查理斯戰勝了肢體傷殘的缺陷，掌控了自己的人生。由此可見，鼓勵對孩子來說是多麼重要的一種力量。家長們都應該重視運用鼓勵的方式來激勵孩子，您的鼓勵就是孩子進步的方向和階梯。

現在，我們已經知道了鼓勵對孩子的意義，那麼怎樣才能更有效地鼓勵孩子呢？教育學家已經給出了答案，就是對孩子進行鼓勵教育，鼓勵孩子做有意義的事情，讓孩子在自信、樂觀的環境和氛圍中成長。

鼓勵

給孩子不斷進取的力量

鼓勵孩子不畏任何艱難。人的一生不可能一帆風順，要讓孩子懂得這個道理，而且要讓孩子不畏艱難，學會自己克服困難。信奉鼓勵教育的美國父母們不僅讓孩子經歷克服困難的全部過程，和體驗戰勝困難後的巨大喜悅，同時還強調要讓孩子自己去承受失敗的磨練。

鼓勵孩子保持旺盛的好奇心。教育學家早已指出，好奇心對孩子是至關重要的，它將引導孩子打開智慧之門，應該好好培養孩子的好奇心。對孩子所提出的五花八門的問題，不要覺得不耐煩，應該是有問必答，或加以引導，或提出反問。

鼓勵孩子鍛鍊動手能力。動手比單純地看書學習帶來的好處更多，可以避免孩子變成書呆子，培養孩子勇於探索問題，發現問題，解決問題。鼓勵孩子多參加各種運動，運動不僅可以增強個人體質，而且有助於開發孩子的智力，讓孩子更有進取心。

利用「鼓勵」來教育孩子聽起來十分動人，但一些家長雖然重視鼓勵教育的作用，但卻始終無法把握自己在鼓勵孩子時應表現出來的態度，以及鼓勵孩子的正確方法。

一、父母要對自己的孩子有信心，要相信自己的孩子有能力獲得成功。如果我們對孩子失去信心，認為他們會輕易退卻，或者他們在巨大的壓力和災難面前將徹底失敗，那將使他們非常失望。

因此，父母對孩子的態度應該是堅定而百折不撓的。具體地說，父母應該以自己的信心去影響孩子，使孩子慢慢學會不斷克服困難。

二、用鼓勵幫孩子建立信心。讚揚孩子過去的成績以及過去他是如何的堅強、勇敢，評論孩子做得正確的部分，少講他的錯誤，指出孩子應該怎樣繼續努力才能獲得成功。

當孩子經過幾次努力而沒有成功時，更需要父母的鼓勵。值得注意的是，鼓勵孩子應當是在孩子自己力所能及的範圍內，對孩子來說遙不可及的事情是絕對要避免的。

三、對孩子的鼓勵不能使用抽象、模糊的語言。在日常生活中，我們常常聽到很多父母對孩子說：「要好好地做，你要好好用功，將來在社會上才

會出人頭地。」像這些模糊、抽象、一點也沒落到重點的語言，到底能產生多大的效果呢？說這樣的話，孩子雖知有鼓勵的意味，不過，到底如何好好地做，孩子仍是毫無所知。

如果孩子個性內向，就會覺得精神上受到壓抑，而愈做愈差，最終往往會收到相反的效果。

一個負責任而又懂得教育的家長，是絕對不會忽視鼓勵的作用的，他們會給孩子及時、準確、恰當的鼓勵，讓孩子戰勝困難，再接再厲，更上一層樓。

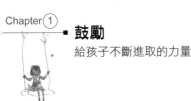

傾聽孩子的「話中話」

媽咪，請聽我說

Chapter 2

傾聽

認真瞭解孩子心裡的感受

每個孩子都有自己的心聲，家長一定要耐心地去傾聽，才能夠真正瞭解孩子的想法和感受，才能對孩子生理及心理上的問題、變化做出及時而適當的處理。有了這樣的基礎，親子之間才能有良好的溝通，建立良好和諧的親子關係。

不要打斷孩子的訴說

一些父母在聽孩子說話時總是沒有耐心，有的甚至不願意聽孩子講話，總是打斷孩子的傾訴。他們可能覺得這樣做沒什麼，然而這樣做給親子關係帶來的負作用是難以估量的，孩子也會因此而不願與家長溝通，有的孩子甚至會變得抑鬱內向。

在一期家庭互動電視節目上，主持人把一位可愛的小朋友請上臺，問他：「你長大後想要當什麼呀？」

小朋友認真地回答：「我要當飛機的駕駛員！」

主持人接著問：「如果有一天，你的飛機飛到大西洋上空，這時飛機的燃油用完了，你會怎麼辦？」

小朋友想了想說：「我會讓坐在飛機上的人綁好安全帶，然後我穿上我的降落傘跳出去。」

這答案使現場的觀眾笑得東倒西歪時，主持人繼續注視著這個孩子，想看他是不是自作聰明的傢伙。

觀眾的大笑使孩子撅起了小嘴，眼睛裡也有了淚水，這才使得主持人發覺這孩子似乎有無限的委屈。於是主持人問他說：「為什麼要這麼做？」

小孩的答案透露出一個孩子真摯的想法：「我要去拿燃料，我還會回來！我一定會回來！」

這是一個關於傾聽的經典故事，如果主持人沒有耐心地聽小朋友把話說完，他又怎麼能體會到孩子的真摯和善良呢？如果主持人打斷孩子的話，並說：「好了，好了，你這個小孩！把乘客留在飛機上，自己先逃跑真是個『了不起』的主意啊！？那麼，孩子會覺得多麼委屈啊！」很多家長都是這樣，在孩子還沒有來得及講完自己的事情前，就按照大人的經驗加以評論和指教，結果曲解了孩子的意思。

請看下面這個例子：

A孩子：媽媽，我看見小偷偷錢，被警察叔叔追著跑，可是小偷用一根棍子把警察叔叔打傷了，……

媽媽：胡說八道，去寫作業，我沒功夫聽你胡說！

B孩子：媽媽，我看見小偷偷錢，被警察叔叔追著跑，可是小偷用一根棍子把警察叔叔打傷了。

媽媽：是嗎？那多危險啊！

孩子：不要緊。警察叔叔帶著傷繼續追小偷，後來把小偷抓住了。

媽媽：真好！你在哪看到的！

孩子：卡通片裡！老師說這叫「邪不勝正」。

這真是鮮明的對比，A情景中媽媽粗暴地打斷了孩子的話，可以想像孩子必定是委屈地離去，根本不知道媽媽為什麼要指責他「胡說八道」。而B情景中，媽媽耐心地聽完了孩子的話，理解了孩子的意思，這樣孩子以後一定還會樂於和媽媽溝通談話。

還有一種情況就是孩子的傾訴慾望通常都比較強烈，他們喜歡說大大小小不同的新鮮事來引起家長的關注。而家長卻往往沒耐心，也沒有興趣聽孩子的訴說，隨隨便便就打斷孩子的傾訴，結果孩子就逐漸失去了向家長傾訴的熱情，有一些孩子還有可能因此而形成孤僻的性格。

啟東是小學三年級的學生，最近，老師發現啟東變了，以前活潑開朗、上課積極發言的他，現在變得沈默寡言，總是一個人發呆，學業成績也退步了。經過老師細心的瞭解，才知道了啟東不愛說話的原因。

啟東以前是個很活潑的孩子，每天放學回家後，都會把學校所發生有趣的事說給父母聽，但啟東的父親是個對孩子要求非常嚴格的人，他把全部希望都寄託在啟東身上，希望啟東將來能考上大學，出人頭地，因此，對啟東的學業管得特別緊。

他覺得啟東說這些話都沒用，簡直是浪費時間，因此每當啟東興高采烈地說話時，父親總是會打斷他：「整天只會說這些廢話，一點用也沒有，你把這些心思放在學業上多好，快去做功課！」

有一次啟東說了班上發生的一件事，正說得興高采烈時，父親突然打岔說：「跟你說過多少次了，要你別說這些廢話，你還說，下次再說，我就打你！」啟東嚇得一個字也不敢再說，連忙回到自己房間裡去了。

漸漸地，啟東在家裡話越來越少了，每天放學都悶在自己的房間裡，因為父親也不讓他出去玩，後來他的性格也就變了。

如果家長總是隨意打斷孩子的訴說，不給孩子傾訴的機會，這樣下去，家長也就聽不到孩子內心的想法，聽不到孩子的心聲。瞭解不到孩子的所思所想，孩子出現了什麼問題，家長也不會知道，問題也就不會得到及時的解決，孩子的心理必然產生嚴重的消極影響。

一個十三歲的女孩離家出走了，她的母親後悔的地說：「我不該去打斷她的話，不管她如何滔滔不絕。這樣當她長成十幾歲的大孩子時，有事就會和我商量了。」

還有一個孩子說：「媽媽，請您耐心地聽聽我所提出的問題。唯有您耐心的聽我講，我才能向您學習去聽別人講。」您是否能聽得出這番話裡隱藏的委屈和挫折？然而，現在耐心地聽孩子講話的大人越來越少了。

一些孩子的父母，不是面對孩子主動說話，而是只顧看著報紙或電視隨

聲附和地聊上幾句，很少看到父母面對面耐心地聽孩子說話的情景。

但是，生活中，我們又常常聽到父母歎息說：「孩子大了，有什麼話也不跟我說，我說什麼孩子也不願意聽。」

孩子也抱怨說：「父母什麼事也不跟我們講明白。」「父母光說自己想說的話，可是我想說的話，父母都不聽。」

這種父子或母子感情疏離的現象，常常為父母也為孩子所困惑。用心聽，但不急於判斷，這是運用傾聽方式，必須注意的一點，然而父母卻總是對孩子的傾訴缺少耐心，急於判斷誰對誰錯。但只判斷而不用心聽，則會切斷許多心靈溝通的途徑。

假如一個孩子放學後很晚才回家，孩子剛要解釋，憂心的父母便開口喝道：「我不要聽出了什麼事！」這種反應破壞了雙方的溝通氣氛，更嚴重的是令孩子的自尊心受到打擊。

正確的方法是告訴他，你們如何為他操心：「我們又擔心又害怕。」然後讓他說明一切，也許孩子有可以諒解的理由呢！我們都渴望有人聽自己說話，在大多數的情形下，人與人之間不能溝通，就是因為只有人說話而沒有人聽。

如果父母們能對孩子的傾訴多一點耐心，不急於打斷孩子的說話，那麼孩子遇到事情時就會樂於向父母傾訴，與父母建立良好的溝通管道。

傾聽是瞭解孩子的最佳途徑，家長只有耐心地傾聽孩子的訴說，才能看清孩子的內心世界，在此基礎上才能創造出更多與孩子溝通的機會。

傾聽孩子的「話中有話」

孩子有時並不能把他的意思表述的清清楚楚，他們也許會採用另一種表達方式向父母暗示。因此在運用傾聽的方式來瞭解孩子時，一定要細心，要注意那些孩子沒有明說出來的事情。

皮埃爾的父親是一個法官，每天都要處理很多民事案件。

一天，皮埃爾問他的父親：「在我們這個地區，每天有多少孩子被父母拋棄？」聽到兒子的問題，父親感到很意外，沒想到兒子這麼小就對社會問題這麼感興趣，於是他就耐心地跟兒子講了這方面的幾個案件，然後又去查了資料。

但是皮埃爾仍然不滿意，繼續問同一個問題：「在尼斯市被拋棄的孩子有多少?整個法國呢?全世界呢?」

父親感到很奇怪，經過一番思索，他終於明白了皮埃爾的意思：兒子關心的是他個人的問題，而不是社會問題；他問這些問題並不是出於對這些孩子的同情，也不是真正想得到這些資料，他其實是在為自己擔心，擔心自己也將會被父母拋棄。

父親仔細想了一下，然後對他保證說：「你擔心我們會像其他父母那樣將你拋棄，我向你保證我們決不會那樣做，我們愛你，請你相信我們。」皮埃爾聽到父親的保證，這才安下心來。

其實，許多孩子在與父母溝通時，都不會明顯地說出他的想法或需求，這也許是出於懼怕父母的權威或是別的一些原因。在傾聽孩子講話時，如果你不夠細心，那麼就會忽略了孩子的「話中有話」。

如果你仔細觀察孩子，就一定可以發現孩子的這種微妙的變化，弄清孩子沒有明說的內在意義，所需要的技巧是瞭解孩子隱藏在內心的思想以及微妙的感情線索，如果你的感覺不靈敏，就應該試著努力去注意孩子反常的行為訊號。比如，父母應該敏銳地注意到孩子不正常的聲調、臉部表情、動作、姿勢等。

孩子講話時，除了注意他無言的行為外，更重要的還要傾聽他所講的字裡行間的意思，想一想孩子想要告訴自己什麼，如果發現不對勁的地方，也可以誘導孩子說出他的疑慮，憑藉著父母特有的敏銳與耐心，做到這些都是不困難的。

有一對夫妻在週末陪女兒去遊樂場玩，但在回家途中，不知為什麼就大吵起來，最後居然揚言要離婚。等爭吵暫告一個段落，他們才意識到孩子還跟在後面。他們看到女兒拿著畫板在畫畫，畫面上有兩個大人，他們表情憤怒，兩個大人中間躺著一個小孩。

媽媽很好奇地問：「地上怎麼會有個小孩，她怎麼了？」

「死了！」孩子說。

媽媽不耐煩地說：「為什麼畫這麼無聊的東西！但爸爸卻覺得女兒的表情有些憂鬱，於是溫和地問：「她怎麼會死了呢？」

女兒沈默了半晌，說：「因為爸爸媽媽吵架、離婚……」女兒的話深深的震撼了他們。原來，女兒看見班上的單親同學總是神情憂鬱，鬱鬱寡歡，她害怕像他們一樣，因此就畫了這樣一幅悲慘憂傷的畫。

如果不是父親察覺到了孩子的怪異，又溫和地追問了一句的話，他們也就無法知道女兒的悲傷與擔憂，無法知道彼此的爭吵給孩子帶來了怎樣的傷害。我們之所以強調父母要以傾聽的方式與孩子加強溝通，就是因為傾聽才能加深你對孩子的了解，瞭解孩子沒有說出來的感情和內心情緒的波動。

那麼，怎樣的傾聽方式，才能使你更加地瞭解孩子話語中的弦外之音呢？

一、對孩子的一切表示出興趣

一些父母聽孩子說話時總是一付心不在焉的樣子，敏感的孩子往往會因此失去訴說的熱情。如果父母對孩子以及孩子的一切活動都表現出熱情參與的興趣，那麼孩子就會感到自己是重要的。你對孩子表示關心、照顧，讓他們談論有關自己的事，孩子便會感到與你在一起很親密。

二、詳盡地表達自己的想法

與孩子交談時，需要向他們提出明確的要求。為了使孩子的談話持續下

去，要用一些鼓勵的詞，如：「嗯」、「真的嗎？」，也可以提一些簡單的問題進一步引導孩子。在結束談話之前，讓孩子詳述某一問題的情景，儘量描述它的細節。

三、多留一些時間與孩子溝通

在孩子的生活中，有時需要母親或父親，特別是母親在他身邊聽他講話。當孩子經歷著內心的失敗、創傷或有失望情緒時，他們特別需要親情的安慰。孩子也很想知道他們的父母在分享他們的好消息時的心情。父母應讓孩子感到你不是由於忙或急著做其他的事，而無暇聽他們說話。

四、專注真摯地傾聽孩子講話

父母應當集中注意力，選擇一天不忙的時間和安靜的地點，聽孩子說話。在這段時間，用眼睛注視著孩子，表示是真心在傾聽他的訴說。作為父母，每天都要留一些時間與為孩子們單獨接觸培養感情，哪怕只有幾分鐘。比如你可以對孩子說：「我們一起去散步。」或者說：「讓我們到你的房間去談談天。」

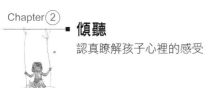

五、用身體語言鼓勵孩子講話

身體語言也是父母向孩子傳達關愛的一種重要的方式。許多父母仍然不知道怎樣利用自己的行為向孩子表示「我正在聽、我很感興趣，繼續說呀！」有幾種身體語言可以表現出對孩子的注意：面向孩子，與孩子並肩著坐，身體豎直或向孩子傾斜，眼睛互相接觸，用慈愛的眼神注視著孩子。此外，應當避免緊張，並表示有興趣，臉部表情和聲調都是慈祥和藹的。

六、用語言幫助孩子表達情感

孩子在表達自己的感情時，常需要家長的引導，家長應用語言幫助孩子反映他們的感受，特別是年幼的孩子，不會說出他們的感受，不能像成人那樣可以清楚的表達自己的感情。當父母認為孩子的感情是正常的、合理的，你可以幫助他承認而不是否認這種感情。當消極的感情得到承認和表達後，將會擺脫其強烈性，而為更積極的情緒和建設性的解決方法開闢道路。因此，父母對孩子的感情應作出有意識的努力。

七、站在孩子的角度想問題

傾聽別人講話時，最重要的技巧是擺脫自己對問題的想法和感情，設身處地的想他人在經歷著什麼。有了這種技巧就能感覺到孩子情緒的波動，並將自己聽過整理後的客觀看法告訴孩子。

在孩子的話中有話裡，往往有著孩子最在意的事。因此，對於孩子說的每一句話，父母都要細心揣摩，也許一個不經意的忽略，就會給孩子的心靈留下創傷。

做個多聽少說的家長

一些家長漸漸意識到，傾聽是親子溝通的一項重要內容，是瞭解孩子、拉近彼此關係的有效方式。然而，在傾聽過程中，家長還是容易犯下一些錯誤，比如說的太多，聽的太少，這樣往往會影響到溝通的效果。

小楠是一個十三歲的女孩子，最近，媽媽發現她總是一副鬱鬱寡歡的樣子，而且也不像以前那樣認真讀書了。媽媽認為自己對女兒缺乏瞭解，應當仔細地聽聽她的想法。

於是，在一個週末的下午，母親來到女兒的房間，詢問女兒是否有什麼令她煩心的事，母親表示願意分享女兒的煩惱。小楠對媽媽願意聽她說感到高興，於是敞開心門向媽媽訴說了自己的煩惱。

「媽媽，我不喜歡中學的生活，真的不喜歡！我們那個英文老師很凶，有一次，我寫錯了三個單字，他就訓了我一頓。」

「是嗎？這你不能怪老師呀！那是為你好嘛！對了，你怎麼會一下子錯三個單字呢？我可是從小學就給你請家教補英語，你的英語再怎麼說也不可能比別人差呀！」

「哎呀，媽媽！不是那樣的，就只有一次沒寫對呀！還有，我們現在一下子學了好多單字，我覺得太難了，有點不適應。」

「什麼？大家都是這麼走過來的呀！我告訴你，你給我加點油，不許說洩氣話，現在的競爭多激烈呀！不好好學，將來……

「好了，好了！」小楠不耐煩地打斷了媽媽的話，「是你說還是我說呀！您出去吧！我要讀書了。」

媽媽站起身走出房間，嘴裡還生氣地叨唸著：「不是說我們不瞭解你的想法嗎？現在要聽你說，你又不說了！」

這位母親在傾聽方面做的很失敗，她的傾聽不但沒有幫女兒解決問題，相反的還惹來了女兒的厭煩。而且，因為這次不愉快的經驗，小楠很難願意再坐下來向母親傾訴心中的煩惱了。多聽少說，是傾聽孩子說話的重要原則之一，家長應該儘量多給孩子一些傾訴的機會，自己則不要隨便插嘴、說教。

薇薇安從學校回到家中，看到父親正坐在沙發上看報紙，於是她把書包扔在桌上，坐到父親身旁，生氣地說：「我今天被茱麗老師叫到辦公室去了。」

「噢，這樣？」父親把報紙折好放在一邊，轉身面對著女兒。

「茱麗老師說我上課總是不專心，不是一個好學生。」

「怎麼會這樣。」

父親同情地點點頭。

「我特別討厭這個老師，她總是喜歡挑別人的毛病。」

「是嗎？」

「我討厭上她的課，所以上她的課時總是精神不集中，她真是令人討厭。」

父親沒有說話。

「我真希望學校能給我們換個老師。」

父親聳聳肩膀。

「不過我還是得想辦法去適應她，學校不會因為我不喜歡她就換掉這個老師，如果再這樣下去，我的成績就會受到影響，這樣做太不聰明了，對不對？」

「是啊！好孩子，你說的對！」

「我覺得輕鬆多了！」薇薇安拿起書包回房間了。

孩子在發洩怨氣時，他只需要一個聽眾，一個聽他訴說煩惱的聽眾。而父母在此時，完全不必對孩子說教，只要認真地聽孩子把話說完就好，即使他說的是錯誤的。這不僅是尊重孩子的表現，也是在為了進一步溝通打好基礎。

比如在這個故事裡，如果薇薇安一直沒想通的話，父親就可以在她發完怨氣，心情平靜後，再找她談一談，這個時候孩子已經恢復了理智，也比較容易接受正確的觀點。

因此，我們說當孩子出現問題時，父母首先要瞭解真相。其方法之一，就是積極聆聽，以同情與認同的態度，站在孩子的立場，讓他盡情傾訴，不要打斷孩子的說話，插入自己的意見與批評，否則，對孩子而言，也沒有多大的作用。

專心傾聽是父母的主要責任，孩子心中的感受得以抒發後，煩惱自然會消失一大半。

另外，在傾聽孩子講話時還要注意兩點：一是當孩子需要你當聽眾傾聽時，即使很忙碌，也不要對孩子說：「我現在沒空，以後再說！」傾聽孩子的訴說，為我們提供了一次瞭解和教導孩子的機會。因此，不論孩子提出的問題是什麼，都要儘可能找時間立即去傾聽，而不要讓孩子等你有了空閒時間再說。

立即傾聽孩子的談話，有助於贏得孩子的信任，這樣孩子才願意把他所有的事都告訴我們。因此，當孩子有話要說時，我們要儘可能地立即與他交談，這樣孩子就不會失望了，他可以感受到他對於我們是多麼的重要，他也就會把更多的心裡話告訴我們。

其二是傾聽並不是在擺姿態。如果我們將這種態度當作一個技巧採用，只是用此來騙取孩子的信任，一邊做出傾聽的樣子，一邊想著駁回的理由和改變他的想法的話語，完全不考慮孩子所述觀點中的可取之處，只要不符合自己的看法就一概否定，在內心深處還是認為以孩子的經驗與認識又能懂得多少，如此反覆幾次，孩子便有上當的感覺，也就不會再接受你的傾聽了。

大耳朵小嘴巴是最受孩子歡迎的父母，你不必刻意的向孩子說教。父母作為傾聽者給予孩子關注、尊重和時間，才是對孩子最有效的幫助。

傾聽孩子的「話中話」

媽咪，請聽我說

Chapter 3

引導

巧妙地提醒孩子自覺走向正途

嘮嘮叨叨的說教，凡事替孩子包辦的父母是孩子最不喜歡的，聰明的家長只會在孩子遇到難題或行為錯誤時，從旁稍加提示引導，幫孩子解決疑難。這樣，孩子明白了道理家長也達到了教育的目的。

透過提問讓孩子正確思考

提問是一種教育孩子很好的啟發方式，因為提問能夠激發孩子的思考，讓孩子對自己遇到的問題有一個全新的認識。而且，如果提問帶有一定引導性的話，就可以使孩子向著自己的方向思考，進而順利解決問題。

媽媽給兄妹兩人買了一塊美味的巧克力蛋糕，並放在冰箱裡，準備讓孩子一起吃。下午五點，兒子放學回來了，媽媽去拿巧克力蛋糕時卻發現，巧克力蛋糕不知道被誰偷吃了一半多，她想了想，就把小女兒叫來廚房。小女兒的表情很不安，媽媽問：「孩子，巧克力蛋糕不見了一半多，你知道它們哪去了嗎？」

小女兒回答：「不知道。」

媽媽又問：「那真糟糕！或許你能給媽媽出個主意，那本來是幫你和哥哥買的，每人各一半，但現在該怎麼辦呢？」

女兒的眼睛含著淚水，低頭看著地板。

媽媽歎了口氣說：「你認為偷吃了一大半巧克力蛋糕的人，是不是還應該從那塊小巧克力蛋糕上再分吃一半呢？我的寶貝，你認為這樣公平嗎？」

小女兒終於抬起了頭：「媽媽，對不起，是我從偷吃了巧克力蛋糕，把剩下的那些都給哥哥吧！我保證以後不做這樣的事了。這是可恥的，對哥哥不公平。」

媽媽用提問的方式，將小女兒引導至正確的方向，使她認識到自己的錯誤，並主動向媽媽保證，不會再做這類的事。如果媽媽用教條式的說教能達到這個效果嗎？只有運用這種提問式的引導，才能讓孩子真正地反省自己的錯誤。

有這樣一個孩子，他每天除了吃飯睡覺外就是上網，和別人互動時總是一副心不在焉的樣子，他的爸爸想了很多辦法，卻一直沒有效果，切不入主要話題，但父親沒有氣餒。這個孩子愛講歪理，於是父親心生一計，問他：

「再過兩年你多大？」

他煩了，大聲說：「當然是二十！你幹嘛問這種白癡問題！」

爸爸說：「是啊，你是一年一年的長大，你也會成家，當你有了小孩，你也讓他每天上網嗎？」

他馬上回答：「當然不行！」

爸爸接著說：「那你找個像你一樣喜歡上網的女朋友怎麼樣？」

他反應更強烈：「那當然不行了！」

爸爸說：「是啊，己所不欲，勿施於人，你不願讓自己的孩子、女友沉迷網路，但你卻這樣對待你的父母，這樣對嗎？」就這樣，他終於敞開了心扉面對真實的自己。談到最後，他向爸爸保證，他再也不留戀於網路世界了。

教育學家早就指出，在對孩子的教育中，誘導、啟發比強制更有效。因為無論什麼事，孩子只有從心底裡贊同才能做好，而巧妙運用啟發的方法，就能夠產生這樣的效果。

比如，透過多種方式和多方位的提問，父母不但能夠瞭解更多的資訊，還可以使提問的過程同時成為一個啟發式教導的過程，在與孩子的一問一答

中，潛移默化、自然而然地達到教育的目的。

心理學家總結了以下幾種比較實用的提問方式，家長不妨參考一下：

一、拋磚引玉式提問

這種提問方式主要是為了引起孩子的敘述，比如「你的觀點是……」然後停下來等孩子說。其特點是，你問孩子一句話，就夠讓他說好長一段時間，你所要得到的訊息也就有了回應。

像這樣的提問還有「那你覺得……」「你感覺……」「你以為……」「你認為……」「後來呢？」「到底是怎麼回事？」「你是怎麼想的？」「你還有什麼意見？」等等，生活中家長不妨自己開發想像。

二、體貼式提問

比如孩子說他很煩，並說了一大堆對朋友和學校不滿意的話。那你可以這樣問他：「同學為什麼不理你？」「你在學習上有什麼困難？」「你希望媽媽怎麼樣幫助你？」「你還有什麼需求？」

三、重點式提問

對談話中的重要部分提出疑問：「你說根本沒有希望了是什麼意思？」「你真的要放棄比賽了嗎？」「你是什麼什麼時候發現開始出現這種情況的？」

四、重複式提問

當孩子對你說了許多事和他的想法之後，你可以說：「你看我理解得對不對？你覺得是不是這麼回事？」主要是為了確認，同時傳遞理解和關懷，釐清談話的內容。

五、選擇式提問

「要獨立完成呢？還是讓老師再給你找個合作對象？」「你看是自己復習呢？還是讓媽媽幫你復習？」「這件事情你是自己跟老師講呢？還是媽媽去和老師說？」「你是因為他不幫助你而生氣？還是因為自己沒有做好而自責？」這樣問話的好處是，你已經把孩子回答的答案設定了，孩子大多會從中選擇一個，不會提出否定的回答。

六、封閉式提問

為了快速啟發孩子，達到教育目的，就要學會提問封閉性的問題。比如問：「這樣做行不行？」孩子就會對你提出的建議和看法表示明確的贊成或反對。諸如「可以嗎？」「是不是？」「行不行？」這類的問話都屬於封閉性的。封閉式的提問在有足夠說服把握的時候非常好用。談到一定程度，你覺得孩子會說「是」、「好」、「可以」時，及時提出這樣的問題，他的思路就會被引到你的觀點上來，並自覺的按照你的意願去做。

這個時候要注意，如果孩子不是口服心服，結果並不會很理想，有時還會有隱憂存在。

記住，提問是為了要引導孩子，而不是斥責孩子。因此不要提一些尖銳的，讓孩子感到難堪的問題。你的問題應該是溫和而又能夠引導孩子思考的。

在溫和的探討中引導孩子

其實孩子有了委屈和難解的問題時，也願意向父母請教，孩子犯了錯誤時並不會拒絕父母的管教，只是他們無法接受一些家長的教育方式，比如：嚴厲的斥責只會讓孩子感到委屈難過。而家長斥責孩子的話即使再有道理，再有意義，孩子也不會去做任何反省，因為他的心已經被憤怒和不平佔據了。

要讓孩子改掉錯誤，那麼一頓嚴厲的斥責就夠了，只不過相同的錯誤，孩子很可能以後還會再犯；要讓孩子真正瞭解到自己的錯誤，真正的反省，那麼，家長就得運用啟發的方式，讓孩子明白其中的道理，並自覺的約束起自己的行為。

那麼，怎樣才能成功地啟發孩子呢？教育學家認為父母的態度和方式很重要。如果父母板著臉，大聲地跟孩子說教，那麼即使父母的話字字珠璣，孩子也是聽不下去的，更別說自行從中悟出了。因為父母的嚴厲態度讓孩子

Chapter 3

引導

巧妙地提醒孩子自覺走向正途

感到害怕，父母的說教讓孩子產生厭煩，這樣做是根本無法達到教育目的的。

教育學家建議，父母應用溫和的態度，在孩子的成長中啟發孩子、引導孩子。

小明是個非常調皮的男孩，都已經是小學四年級了，每天放學後，小明總是不做作業，放下書包就跑出去玩。為此，父母總是訓斥他，有時還打罵他，可是他仍無法改掉這毛病。有時在父母的強迫下，勉強坐下來做作業，可是總是心不在焉，而且做得馬馬虎虎，錯誤很多，父母拿他也沒辦法。

有一天，小明的姑姑到他家來，正好看到小明媽媽因為做作業的事在訓斥小明，但小明很倔強，不管媽媽怎麼說，他就是不開口，也不去做作業，氣得媽媽要打他。

姑姑見此情景，對小明媽媽說：「嫂子，讓我來和他談談。」

小明的姑姑是位老師，她把小明帶到他的房間裡，摸著他的頭問：「小明，今天在外面玩得開心嗎？」

小明說：「也不是特別開心。」

「那媽媽讓你寫作業，你為什麼不寫？」

「媽媽對我太凶了，總是罵我，我就是不寫，故意氣她。」

「那你覺得完成作業再去玩好，還是玩過再做作業好呢？」

小明不說話，姑姑又說：「你是不是也覺得做完作業再去玩，心裡沒有壓力，也不用聽父母的責備，會玩得更開心呢？」

小明點點頭。「姑姑知道，小明是個懂事的孩子，聰明也愛讀書，就是媽媽不催，你也會主動完成作業的，是不是？」小明點點頭，走到書桌前，打開書包，開始寫作業，而且特別認真。

小明的媽媽由此體會到了自己以前的做法是錯誤的，由於粗暴的態度讓孩子對自己產生反感，越來越不聽自己的話。從此以後，父母改變了態度，不再嚴厲地責備他，而是以溫和的態度對待他，小明變得懂事，學業成績也有了很大的進步。

其實，父母們都應該想到，既然想引導孩子，就得讓孩子先接受自己，做好良好的親子溝通，這樣孩子才能接受你的想法。另外，啟發就是讓孩子

自覺產生正確的想法，這是需要父母誘導而不是灌輸的。

我們再來看下面這個故事：托利剛上小學一年級，一天他從學校回到家裡，心裡很不高興，他來到媽媽身邊說：「媽媽，米克今天很討厭，我想玩什麼他偏不玩什麼。」

「這麼說，你現在還在生米克的氣，對嗎？」媽媽問。

「對，我不會再把他當成是我的好朋友了，我也不會再和他一起玩了。我永遠都不想再見到他。」看到媽媽在傾聽自己的煩惱，托利覺得不再孤獨，因為他有了訴說的對象。

「你不想再見他，僅僅是因為那件事嗎？這樣做會不會太衝動了？」媽媽看著兒子說。

「是啊，我現在可能太衝動了。如果我和他斷絕關係，那就沒有朋友可以在一起玩了。」托利似乎發現自己有些過分，並意識到自己也會因此而受到傷害。

「你並不想失去這個朋友，對嗎？」媽媽用充滿關愛的眼神看著他，期待他能找出更好的解決辦法。

「是的，我並不想失去這個朋友，但是我很難不討厭他。」托利似乎很矛盾。

「過去你也討厭他嗎？」媽媽問道。

托利若有所思地說：「我過去並不討厭他，因為那時他什麼事都依著我，但現在卻不一樣了。」

「哦，你是說，米克有了自己的想法，不會在每件事上都依著你了，對嗎？」媽媽從托利的談話中知道了米克的變化。

「不過，我覺得他現在更有趣了。」托利敲著腦袋說。

「看樣子你確實更喜歡他這樣。」媽媽發現托利並不是完全否定米克的改變。

「對。但是我很難不去指揮他。對此，我已經養成了習慣。如果偶爾讓他做自己喜歡的事，或許我們就不會吵這麼多架了。現在我覺得他並沒有錯。或許，媽媽，我以前可能對他太霸道了。」

在這個故事中，媽媽溫和地和兒子探討了與朋友交往時的問題，在你一言我一語的溝通中，媽媽為孩子的煩惱做出了提示，而孩子也在媽媽的引導下，慢慢釐清了思路，並最終找到了解決問題的方法，這是一個多麼難得的媽媽，托利真應該為自己有這樣瞭解孩子心理的媽媽而歡呼！

父母以溫和的態度來對待孩子，是對孩子的尊重，也是有智慧的教育方法。父母只有掌握了這一點，才能成功地運用啟發方法，才能實現與孩子的良好溝通。

一、溫和的態度讓孩子不懼怕溝通

父母以溫和的態度對孩子，孩子在面對父母時就不會因為害怕父母而緊張、恐懼，也不會因為討厭父母的訓斥而產生對抗甚至仇視的心理，孩子會用一種平靜的心情和父母溝通，會認真聽取父母的意見，也只有在這種基礎上，啟發法才能發揮效用。

二、用溫和的態度鼓勵孩子說出真正的想法

父母以溫和的態度對待孩子，以平等的態度與孩子溝通，孩子覺得自己受到了父母的尊重，而父母溫柔的眼神、鼓勵的話語讓孩子產生傾訴的想法，使孩子主動的把自己內心的想法都告訴父母。

三、用溫和的態度拉近親子間的距離

態度可以表現出一個人的修養，與人交往時用什麼樣的態度做為溝通的方式，它將表現出一個人的修養是如何，即使是父母在與孩子溝通時也不可忽視這個問題。溫和的態度是一個人良好修養的表現，溫柔的眼神和微笑的表情可以拉近與孩子之間的距離，使孩子更樂於親近父母。

引導重在提示、提醒，而不是灌輸，因此父母一定要掌握好自己的態度和教育的方法，這樣才能讓孩子產生自覺的行動，達到教育的目的。

Chapter 4

訓誡

讓孩子認識錯誤、改過從新

孩子就是孩子，會不斷地出現各種不同的問題和錯誤，有些錯誤可以寬容，而有些錯誤是不能姑息的。必須對孩子進行合理、有效的管教，以確保孩子不再犯類似的錯誤，即使是再寬容的父母，也不能忽視這種合理的管教。

訓誡是為了讓孩子健康成長

教育孩子是一件嚴肅複雜的事，父母必須仔細觀察孩子成長的每一階段，並適時地加以引導，這樣才能使孩子健康成長，而不誤入歧途。在引導孩子的方法中，訓誡就是非常重要的一種。

生活中，一些人認為：孩子不用太管，樹大自然直。孩子長大了，自然就會變好、變懂事。結果由於父母的放任，孩子的思想意識、道德品德都缺乏規範。

尤其是潛意識的東西，更難掌握。只要外界誘惑一下，邪惡便容易佔據其心靈。如今，青少年看的書，接觸到的事物，想的問題都遠遠勝過上一代，他們的思想活躍，行動敏捷，性格開放，若能引上正確的成長軌道，那麼就會成為人才。

然而，一旦偏離方向，被邪惡的事物引誘，那產生的後果也是不堪設想

的。

其實，孩子再懂事，他的人生觀、世界觀也不會那麼成熟，如果受了不好的影響，或是不好的行為習慣長期不被糾正，那麼孩子就很可能走向錯誤的道路，因此家長必須適時地運用訓誡的方式教育孩子，讓孩子健康的成長。

有一位父親，最常掛在口頭上的一句話就是「樹大自然直，孩子不用管。」孩子從小聰明伶俐，於是這位父親自認為自己的孩子天生聰明，無需管教都也能有很好的發展。後來，孩子迷上線上遊戲，上學翹課，老師要求家長參與管教孩子，但這位家長卻毫不重視。

結果孩子的學業成績一落千丈，只好留級一年。此時他才恍然醒悟，以後再也不說「樹大自然直」了。

訓誡，自古以來就是一種常用的教育方法。古代許多名人的父母就是採用這種方法。東漢時期的張奐教子謙謹，齊相田稷的母親教子不貪，東晉陶侃的母親教子清廉，唐太宗教諸子不殘，北宋歐陽修的母親教子嚴格執法，北宋宰相王旦、清代的宰相曾國藩教子不貪貴勢等等，都是採用訓誡的方法。

而訓誡也是一種永不會過時的教育方法。

校長給約瑟夫的媽媽打電話，告訴她兩天前約瑟夫在下課時間打了某個同學，老師讓他帶張字條回家讓父母簽名，但是，約瑟夫並沒有把父母簽名後的字條帶回學校。

當然，媽媽對字條的事全然不知，她謝過校長，答應等約瑟夫回家後她馬上處理這件事。並且媽媽還從校長口中知道約瑟夫以前就經常惹是生非了。

約瑟夫放學回到家了。

「我回來了，媽媽！」他輕鬆地向媽媽打招呼。

「你好！」媽媽強壓怒火。她努力提醒自己小孩子常常會做這樣的事。

「今天學校沒有東西要交給我嗎？」媽媽想給約瑟夫最後一次機會。

「沒有呀。」約瑟夫一面若無其事地回答，一面把書包扔在沙發上。

「我剛接到你們校長的電話。他說幾天前你就應該給我一張字條，上面說你在下課時間行為不當。字條還得由我簽名。」她直截了當地告訴他，是因為覺得沒有必要再問他「你肯定嗎？」之類的話，那只會給他再次撒謊的

機會，並使自己受挫。

「哦，我弄丟了。」約瑟夫低頭看著地板說。

媽媽點點頭說：「我知道了。那你至少也要告訴我這件事。」

「我忘記了。」約瑟夫聳聳肩膀說。

這下子媽媽決定不能輕易原諒約瑟夫的過錯了。「不，約瑟夫，你在撒謊，你打了人是吧？你讓媽媽很失望！媽媽幾乎不敢相信你會做出這樣的行為！你知道再這樣下去會怎樣嗎？你會變成一個壞孩子！」

「媽媽？」約瑟夫嚇得哭了起來。

「孩子，不管怎樣我都是愛你的，因此我必須對你負責。我責備你是因為你確實做錯了。對同學動手已經很不應該了，而且你還對媽媽撒謊！現在回到你房間去，好好想一想你所犯的錯！」

媽媽的訓誡沒有白廢，約瑟夫給媽媽寫下了悔過書，保證不再說謊和欺負同學，從那以後他真的改掉了錯誤。

當孩子屢次犯錯，不知悔改或者對自己的錯誤沒有深刻的認識時，家長就應當運用訓誡的方式教育孩子，讓孩子徹底悔悟，避免走上歪路。教育孩子猶如種植樹苗，在樹苗歪曲時，並須及時扶正，這樣樹苗長大後才能成為棟樑之才。

心理學家也認為：孩子由於判斷能力不成熟，是非觀比較弱，容易走向迷途，因此父母應對孩子實行基本限制與約束。就像這個故事中的媽媽一樣，發現瑟夫屢次犯錯，而不知悔改時，立刻運用訓誡的方式教育約瑟夫，讓孩子徹底改掉錯誤。

家長們應該明白，孩子在成長過程中，不但會受到家庭和學校的教育影響，也會受到社會環境的影響，而社會上的不良行為和習慣，很容易誘導孩子走上歧途，同時孩子撒謊、偷竊一類的小毛病如果不嚴加管教，也會讓孩子變壞。

因此，父母們應牢牢掌握「訓誡」這個教育方式，對孩子進行適當的引導，要記住：子不教，難成才。

Chapter 4

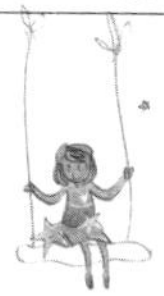

訓誡

讓孩子認識錯誤、改過從新

當孩子有不良傾向時，訓誡孩子是父母的權力和責任。當然，要記住的是訓誡不是單純的責罵，而是適當的管教加教育。

用訓誡改變孩子不懂禮貌的習慣

我們說，對孩子無心犯下的一些小錯誤要寬容，但是對於孩子的不良行為、不良習慣就要進行糾正，千萬不能縱容孩子。而孩子的不懂禮貌行為，就是迫切需要家長處理的問題。

禮貌本來是我們中華民族的傳統美德，但是現在的孩子卻越來越不懂禮貌了。曾在報上看到一篇文章，說的是在某著名大學的新生報到日裡，一個新生為了去繳費，就隨隨便便地以「喂，先生！」叫住一位長者幫自己看行李，半小時後，這個孩子回來拿起行李就走了，竟然連句謝謝都沒向人說，這位長者就是學校的校長。

舉這個例子，只是為了說明，接受高等教育的孩子都如此無禮了，總體情況也就可想而知了。而在我們身邊，這種不懂禮貌的孩子的確不是少數。

我們經常能聽見一些孩子出口成「髒」，而且露出兇神惡煞般的表情。

魯迅先生當年曾嚴厲的抨擊過「上溯祖宗，旁及姐妹，小連子孫，遍及兩性」的「國罵」，竟然在一些孩子們嘴裡如行雲流水般的說出，令大人們瞠目結舌。

許多父母由於忽視了孩子的個人修養教育，一些孩子說髒話便成了習慣。也許孩子口中說出的污穢之語沒有任何針對性，似乎也未給任何人造成心靈上的傷害，但髒話畢竟刺耳，會破壞一個人的形象，同時也會妨礙正常的人際交往。

試想，誰會喜歡和一個不懂禮貌，滿嘴髒話的孩子成為好朋友？而這些孩子進了社會以後，他又如何能獲得別人的好感，和與人和平相處呢？

其實，生活中一些父母發現孩子有不禮貌的行為後，也想管教孩子，糾正孩子的壞習慣。可是他們往往因為用的方法不當，而收不到教育的效果。

啟東從小在南部鄉下爺爺家長大，直到六歲該上學了，才回到父母身邊。啟東聰明伶俐，活潑好動，這讓父母非常高興，但不久他們就發現，啟東是個很沒有禮貌的孩子，常常會出口成「髒」。為此，媽媽罵，爸爸打，經過一段時間之後，啟東似乎改掉了這個壞習慣，父母也很滿意。

可是有一天，老師來做家庭訪問時，告訴啟東的父母，啟東在學校裡開口閉口都是髒話，班上大多數同學都挨過他的罵。父母氣得要命，把啟東拉回來就是一陣狂風暴雨式的「教育」，可是啟東始終都改不了這個習慣，啟東的父母真不知怎麼辦才好。

我們可以理解啟東父母「恨鐵不成鋼」的心情，但卻不贊同他們的做法。打罵是最差勁的教育方式，這樣做又有什麼用呢？父母打罵之後，啟東雖然不在父母面前說髒話了，但是在學校卻變本加厲了。父母如果繼續的打罵，孩子的叛逆心理也就跟著跑出來了，乾脆打罵都不聽了。

教育學家建議家長在這種情況下，應採用訓誡的方式教育孩子，訓誡是一種綜合教育，有指責也有教育，指責中有激勵，教育中有希望，孩子並不是完全不講道理的，指責可以讓他認識到自己的錯誤，而教育又可以使他明白道理，改過從新。

那麼，應用訓誡的方式教育不懂禮貌的孩子應該怎麼做呢？

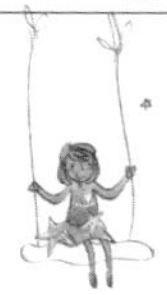

一、多講道理少點責罵

孩子的自律性比較差，即便是那些乖孩子也會有不乖不講道理的時候。當父母發現孩子竟然說髒話，或者行為粗魯無禮時，一定不要僅是直接粗暴地加以制止，而是要耐心地跟孩子講道理，告訴孩子為什麼不能那樣說話做事。

比如，當發現孩子在飯桌上打飽嗝的時候，不要只是大聲斥責他「太沒有教養了」，而是要告訴孩子「這種行為太沒有禮貌了，應該要有意識地控制；如果實在控制不了，應該要向大家說對不起」。

二、指責中有期望和要求

指責孩子時不能一味責罵，要明確的告訴孩子哪些言行是沒有禮貌的，哪些言行是粗魯無禮的。讓孩子明白擁有禮貌的重要性。和孩子外出的時候，當看見有人在大街上打架或吵架時，父母應該立即告訴孩子，這種行為嚴重影響了社會公共秩序，是不禮貌的。

當孩子在家裡說髒話或者其他不禮貌行為的時候，父母可能非常生氣，但一定要控制住情緒，儘量避免對孩子大聲叫罵，而是要語氣平和地告誡孩子，「你現在的表現媽媽不喜歡，沒有人喜歡不懂禮貌的孩子，希望你不要再做這樣的事了。」

三、教育孩子要循序漸進

培養孩子有禮貌是一個循序漸進的過程，父母不能要求孩子在一夜之間就變得彬彬有禮。當發現孩子不習慣與人打招呼時，應立即糾正教育，直到孩子養成了打招呼的好習慣為止。父母切不要把孩子的許多問題都集中起來，企圖一次解決。正確的做法應該是發現一個問題就立即解決。

訓誡孩子最重要的是要跟孩子講明道理，管教只是為了讓孩子瞭解錯誤，只有把握這一點，才能充分靈活地運用訓誡的方式來教育孩子。

別讓孩子變成「小霸王」

一項心理調查顯示：現在有越來越多的孩子有暴力傾向。七歲到十三歲之間的孩子，有百分之二十三點九承認自己有透過暴力解決問題的想法。這是一個令人觸目驚心的數字，家長們必須明白孩子打人的原因，及早透過訓誡的方式糾正孩子這種不正當的行為。

有這樣一個男孩：他是一個聰明的孩子，成績優異、家境富裕，父母對他寵愛有加。可是他卻在十三歲那年，用刀子捅傷了同學，進了少年監獄。

後來，他對發生在自己身上的悲劇做了反省：「從小到大，爸爸媽媽給我的教育就是：只要書讀的好，犯了什麼錯都不是錯，父母也不會責怪我。

因此，我變得很任性。可能是任性造成了我的一種霸氣，我的個頭在班上最高，成績也最好，同學們都很服我。上中學時，爸爸媽媽告訴我要我好好讀書，然後就是在外不要吃虧，不要被別人欺負。如果我吃了虧，被別人欺負了，他們肯定會認為我懦弱，沒有用。

記得我小時候，有一次我帶了玩具飛機去幼稚園，小朋友們搶著玩，有一個小朋友玩著玩著居然不還給我。我生氣了，奪過飛機就朝他頭上砸去，把他的頭砸流血了。爸媽賠了人家錢，我很害怕，以為回家要被處罰。哪知道，爸爸媽媽並沒有責備我。

我讀小學四年級時打了同學，同學父母找到我家裡來，我爸爸向人家賠了不是。送走了人家後，他對我說，『看你這小子，懂得教訓別人了。』媽媽告訴我一個道理，她說，只要不被別人欺負，怎麼做都行。

當我去中學讀書時，她對我說，現在的孩子都很霸道，你要是不讓別人怕你，你就會被別人欺負。

現在回過頭來想想，我覺得父母對我的這些教育都是不正確的，我在學校的打人習慣正是父母錯誤教育所造成的結果。」

這個悲劇也引起了很多家長的反思，於是他們紛紛嚴厲管教孩子，糾正孩子愛打人的習慣。

但是家長雖然有這個良好的觀念，但卻不知道該怎樣教育孩子，因而往往產生反效果。

天恩是一個七歲的孩子，剛剛上小學一年級，不過半年來，他已經給父母惹了一大堆麻煩，為什麼呢？就因為他愛打人！上學才三天，就把一個小女生的膝蓋踢破了，後來又把同學的頭打腫了，再後來還劃傷了同學的胳膊……為了這些事，爸爸媽媽罵過他，打過他屁股，可他還是一犯再犯。

有一天，父子正在看電視，電話響了，爸爸接完電話怒氣衝衝地拉過天恩，就是兩巴掌，天恩委屈地大哭大叫，爸爸更生氣了，「說過一百遍了，不許打人，你還敢再犯，今天打死你算了！」爸爸又打了下去，這一次，天恩竟然掙扎著用小拳頭打爸爸，這讓爸爸更生氣了：「真是太過份了，竟敢打爸爸！」

結果那天，爸爸狠狠地打了天恩一頓後，把孩子關在房間讓孩子好好「反省」。天恩一個人在地上哭得唏裡嘩啦，不明白為什麼爸爸可以打他，他就不能打人，最後，了得出一個結論，那就是他不能再打同學，只能打比自己小的孩子。

這是很可悲的，爸爸的「教育」只換來了一個錯誤的結果。這都是因為教育方式不當造成的，如果父母能用訓誡的方法教育孩子，那麼效果一定會好很多。

訓誡是一種正面教育的方式，採用這種方法的第一步就是指出錯誤，點明其重點。比如在這個故事中，爸爸就不應該抓過孩子就打，而應該先讓孩子知道自己犯了怎樣的錯誤，要指出打人是一種野蠻的行為，是為人所不齒的，沒有人會和打人的孩子玩，再這樣下去，他就會失去所有的朋友。

第二步就是分析。如果孩子之間發生了衝突，父母一定要保持冷靜，不要立即大聲斥責孩子，讓他停止爭吵，更不能因為害怕自己的孩子吃虧而護著孩子。應該讓孩子自己說清楚發生衝突的原因，然後讓他自己提出解決衝突的方法，或者為孩子提一些解決衝突的建議。

第三步是說道理。比如，當孩子在玩自己心愛的玩具的時候，別的孩子可能過去搶他的玩具，孩子急了就會打人。這時候，父母應該教育孩子對搶

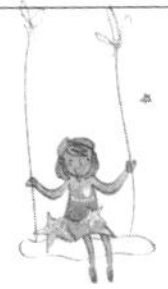

他玩具的小朋友說：「這是我的玩具，讓我先玩一會兒，等會兒我給你玩。」或者讓孩子友好地與其他小朋友共同玩。

第四步是同理心。父母應當讓孩子意識到，打人是一種讓人多麼不能容忍的行為。在孩子打了人後，就用對比法幫他分析問題。

例如，「孩子，如果有人打破了你的頭，讓你流血了，那媽媽一定會非常傷心，非常難過，因為媽媽愛你，希望你永遠平安。其他的小朋友也有媽媽，他們的媽媽也愛他們，你打傷了那些孩子，他們的媽媽會有多難過啊！」這種對比可以讓孩子深刻認識到自己的錯誤，反省自己的做法。

而第五步就是警告。父母應該告誡孩子不要用武力解決和小朋友之間的衝突。父母絕對不會原諒他的打人行為，如果孩子再犯這個錯誤，就將受到嚴厲的懲罰。

訓誡並非單純的責備，更不是用恫嚇的方式來壓抑，而是綜合運用比較、勸勉、激勵、警告等多種形式，軟硬兼施地達到教育的目的。

傾聽孩子的「話中話」

媽咪，請聽我說

Chapter 5

薰陶

在生活中給孩子好的影響

家庭是孩子的第一課堂，家庭教育給孩子的影響是深遠而巨大的。因此，父母如果能在家庭生活中，透過講故事等方式，培養孩子健康的興趣與愛好，陶冶孩子的性情與品行，那麼就可以讓孩子更健康的成長。

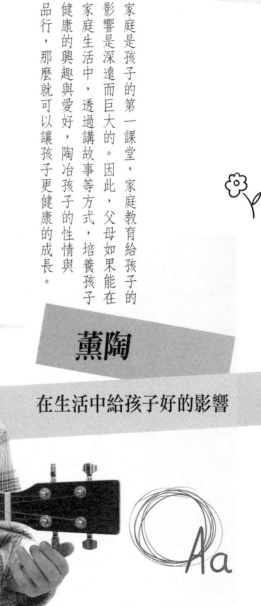

故事中有最好的教育

現在的家長越來越重視家庭教育：他們讓孩子多說話，訓練孩子的語言表達能力；他們與孩子說話時注意遣詞用語，增加孩子的辭彙量；他們給孩子講各式各樣的道理，以培養孩子的良好品行……當然這些做法都沒錯，但是他們常常忽略了一種最簡單且有效的教育方法：故事薰陶法。

法尼亞洲匹茲堡大學語言學教授斯特娜夫人認為，講故事是教育孩子最有效的方法。在女兒維尼夫雷特還不會說話時，斯特娜夫人就講希臘、羅馬、北歐各國的神話給她聽。等女兒會說話以後，母女倆就表演這些神話。她還向女兒講述聖經故事，有的還用戲劇的形式演出。這樣女兒不但對天文學產生了濃厚的興趣，也理解了許多雕刻作品的內容。

為了使女兒牢記神話和聖經中的故事，斯特娜夫人常把有關的內容編在紙牌上。在教各國歷史時，也採用了同樣的方法。

斯特娜夫人透過這種方法，使女兒的記憶力得到了鍛鍊，想像力受到了啟發，並且大大擴展了原有的知識。

那麼，為什麼故事薰陶法會有如此奇妙的作用呢？

一、講故事能擴大孩子的知識面、開啟孩子的智慧、豐富孩子的語彙。孩子對這個世界是陌生的，為了讓孩子瞭解這個世界，最好的媒介當然就是講故事。講故事不僅能使孩子擴大知識面，同時也擴大了辭彙。

比如：十六歲獲得法學博士學位的柏林哈雷大學教授——卡．威特，他的父親是一個牧師，當小威特稍能聽懂語言時，他的父親老威特就天天給他講故事。這樣教育的結果，使小威特到三歲時就輕鬆地記住了三千多個辭彙。

二、講故事能培養孩子的想像力。想像力是人們在頭腦中利用原有的形象創造出新形象的一種能力。想像既可以依據別人的描述進行，也可以利用自己的經驗大膽地組合創造成一個全新的形象。

教育的實際操作可由：講故事、看圖畫、參觀、旅遊、散步、收看必要的電視節目等都是豐富孩子知識經驗的有效方式。所以每一位父母都應從各方面開闊孩子的眼界、豐富孩子的知識經驗，從為孩子想像力的發展提供豐富的原材料出發，多給孩子講故事，以培養孩子豐富的想像力。

三、講故事能培養孩子的良好品行。在聽故事的過程中，孩子的情緒一直隨著情節的變化而變化，正是在這些情感的激動過程中，情感受到陶冶。

故事中的人物，透過家長講述出來以後，隨著生動有趣的故事情節就在孩子的腦海中烙下深刻的印記。那些人物形象感染孩子，使孩子受到潛移默化的影響。孩子就會不自覺地模仿、效法故事中的人物的行為。因此，要教育孩子，根本不必給他們講一些教條式的道理，只要你能用故事感染孩子，那麼你就成功了。

為了充分運用故事薰陶法教育孩子，家長在講故事時，還要注意以下幾點要求：

一、故事要有選擇，內容要積極向上。故事的內容要積極、健康，有利於孩子的身心健康。

比如多給孩子講古今中外名人立德、明理、勤儉、好學、力行、成才、自立、擇友、有信、尊老、愛幼等方面的故事，切忌講那些恐怖、低俗、消沉墮落的故事。另外所講的故事要有趣味性，還要根據孩子不同的年齡階段進行選擇。

二、在講述過程中要富有表情、富有變化。講故事時要形象生動、繪聲繪色，語調要抑揚頓挫。總之，要善於吸引孩子的注意力。激發孩子的興趣。

三、家長給孩子講完故事後，儘量要求孩子複述故事。這樣做的目的是要培養和鍛鍊孩子的記憶力和口頭表達能力。

四、講故事時，要指導孩子編故事、續故事。鍛鍊孩子的想像力。在日常生活中除了多給孩子講故事外，還可以引導孩子仿照故事的寫法，把他周圍所熟悉的東西編成故事，也可以讓他們為某個故事續一個合情合理的結尾。這樣做可以鍛鍊孩子的想像力和創造力。

德國著名詩人歌德就曾受益於這種方法。他曾回憶說，他小的時候，母親每天晚上都會講一個故事給他聽，但故事只講一半，留下後半部分讓歌德去想，如果第二天能把故事講出來，媽媽就再給他講一個故事。

歌德為了第二天能夠聽到新故事，必須展開想像力把故事接述下去。久而久之，歌德的想像力得到迅速發展，達到很高的水準，為他日後進行詩歌創作奠定了良好的基礎。

故事具有趣味性的特點，因為孩子都是喜聞樂道的，利用講故事的形式教育孩子，是一種既聰明又有效的教育方法。當然，只有家長長期堅持，這種薰陶的教育方式才能發揮作用。

在潛移默化中塑造孩子的人格

孔子曾說過「其身正不令而行，其身不正雖令不從。」把這種觀點應用到孩子教育中就是想要塑造孩子健全的人格，父母就先要嚴謹自律，透過自己的良言善行薰陶孩子，這樣父母根本不必向孩子說教，孩子自然就會品行優良了。

有這樣一個故事：有一位父親年紀大了，身體極為虛弱，生活難以自理。於是，就搬去與兒子、兒媳及五歲的小孫子同住。由於中風留下的後遺症，老人的手經常不由自主地顫抖，步履蹣跚。

剛開始，全家人坐在同一張桌子上用餐。可是很快地，兒子兒媳就發現上了年紀的老父親搖晃著的手與衰弱的視力，使他無法順利進餐。比方說，飯粒會經常從父親拿著的湯匙上抖落下來；當他握著杯子時，牛奶會潑到桌面上。

兒子兒媳終於忍不住了，開始對老人冷眼相對，有一天，兒子甚至因為老人弄翻飯碗而斥責老人。沒過多久，夫婦倆就在牆角設置了一張小飯桌。在那個角落，父親一人孤獨地吃著飯，家中其他成員則在另一邊享受著美食。

再後來，當父親打破了兩個碗後，他的食物就被盛在一個木碗裡面。有時，當家人偶爾朝那邊瞥一眼時，他們會發現，老人的眼裡含著淚。他顯得那麼地孤獨和無奈。然而，這對夫婦所能夠給予老人的唯一話語仍舊是，警告他不要弄翻食物。

這一切，五歲的孩子都默默地看在眼裡，記在心裡。一天，晚飯前，孩子在地板上用小刀削小木塊。父親看見了，覺得好奇，就走過去，柔聲問道：「你在做什麼呀？」也許是被父親特別的語調所感染，孩子回答道：「哦，我在做木碗，等我長大以後好拿來給你們用。」五歲的孩子說完了，仍舊微笑著削他的小木塊。

父母一下子呆在了那裡，一句話也說不出來，眼淚一滴一滴的從臉頰上滾落。雖然都沒有說什麼，他們卻都知道了該怎麼做。那晚，丈夫小心地扶

著老父親的手，將他帶到飯桌上，從此後，無論是丈夫還是妻子，都沒有再在意老父親將菜掉到桌上，牛奶潑出來，或者桌面被玷污了之類的事了。

父母的所作所為在很多方面對孩子有著潛移默化的影響，父母的價值觀念和處世原則往往會透過自己的行為根植於孩子的心中，成為孩子將來人生態度中的一部分。

因此家長如果想塑造孩子的人格，就必須先以自己的人格感召孩子，讓孩子在長期的耳濡目染中受到薰陶，獲得好的影響。

小湯瑪斯·沃森是美國著名企業家。他畢業於布朗大學，之後加入美國空軍，成為一名飛行員。退役後，於一九五六年繼承父業，擔會國際商用機器公司的總裁。

他從小生活在養尊處優的環境之中，進私立學校，做環球旅行，萬貫的家財、顯赫的地位，這一切本來都可能導致他前程的毀滅，讓他變得驕橫無禮，但在父親的薰陶下，他卻成為了一個能幹而又品行優良的人。

父親在培養他的過程中，總是潛移默化地對他加以影響。父親有權力卻不專橫，父親花錢絕不出手闊綽，父親待人有禮，父親心胸寬廣……同時小湯瑪斯牢牢記住了父親的話，接管了父親的公司後，他一直很注意員工的福利，也從未忘了對他們表示尊敬。

父親還用自己的一舉一動來影響他，薰陶他，使他在言談舉止上溫文有禮，父親認為這是待人接物最重要的技巧。

父親還經常帶他到各地去旅行。有一次他們去芝加哥，父親竟出手給了行李工十五美元的小費，這在當時是相當可觀的數目。

父親解釋說他這樣做有兩個意義：一是行李工整晚辛勞，很值得同情；二是那些服務人員地位雖低微，但如果不注意關心其生活，他們也會使你的名譽掃地的。

小湯瑪斯的父親不斷地運用薰陶的方式教育孩子，塑造孩子優良的人格，而事實證明這種方法是極其有效的，潛移默化的薰陶比任何豪言壯語都更能影響孩子。

有的父母不斷地告訴自己的孩子：要聽話，要樂於助人，要尊老愛幼、

要……可是他們自己做起事來卻無所顧忌。等到發現孩子的品行出了問題，就會說：孩子在外面學壞了，在家裡我們給他的是最好的教導，最好的薰陶。

其實這種父母是對薰陶法做了錯誤的理解，薰陶不僅是言傳，還必須輔以身教，在任何時候、任何地方、任何事情上，家長的言行舉止，都不能不考慮可能對孩子的影響。

家長做某一事，說某一句話，本不是有意做給孩子看的，說給孩子聽的，但是往往奇怪，做事、說者無心，而看者、聽者卻是有意，孩子看到、聽到的就跟著學。

一位母親平時不斷教育孩子要尊老愛幼，可是擁擠的公共汽車上，一位老人搖搖晃晃地在她身邊站著，她卻一點也沒有起身讓座的意思，那麼坐在身旁的孩子該怎麼想呢？他到底該接受母親語言的薰陶還是行為的「薰陶」呢？因此，為人父母者要薰陶孩子，就要先嚴謹自律，切莫讓自己的不良行影響到孩子的健康人格。

要薰陶孩子，家長先要嚴格的要求自己。比如父母要求孩子讀書，自己卻不看書，說一套做一套；如果父母教育孩子要認真讀書，講道德，守紀律，求上進，自己卻不學無術，成日沉溺於「方城」之中，即使再苦口婆心，孩子也很難接受。

用行動教會孩子誠信

父母們常常要求孩子做一個誠信的人，因為誠信的特質對孩子將來的個人發展有極大的影響。為了培養孩子這種高貴的特質，家長們嘗試了很多辦法：講道理、嚴格管教、勸勉……而教育學家告訴我們，最有效的辦法是父母在生活中慢慢的用自己的行動教會孩子誠信。

曾參殺豬取信於子的故事，在我國廣為流傳：有一天，曾參的妻子要到集市上去，小兒子哭鬧著要跟著去。曾妻戲哄兒子說：「你別哭，你在家裡等著，媽媽從集市回來後殺豬炒肉給你吃。」兒子聽說有肉吃，便答應不隨母親去了。

曾參的妻子從街上回來，只見曾參拿著繩子在捆豬，旁邊還放著一把雪亮的尖刀，正在準備殺豬呢！曾參的妻子一見慌了，趕快制止曾參說：「我剛才是和孩子說著玩的，並不是真的要殺豬呀！你怎麼當真了？」

曾參語重心長地對妻子說：「你要知道孩子是欺騙不得的。孩子小，什麼都不懂，只會學父母的樣子聽父母的教訓。今天你要是這樣欺騙了孩子，就等於教他說假話和騙別人。再說，今天你若欺騙孩子，孩子會覺得母親的話不可靠，以後你再講什麼話，他也就不會相信了，教育孩子也就困難了。你說這豬該不該殺啊？」

曾妻聽了丈夫的一席話，後悔自己不該和孩子開玩笑，更不該欺騙孩子。既然答應殺豬給孩子吃肉，就該說到做到，取信於孩子。於是她和丈夫一起動手磨刀殺豬，為孩子煮了一鍋香噴噴的豬肉。兒子一邊吃肉，一邊向父母投以信任和感激的眼神。

父母的言行直接感染了孩子。一天晚上，曾子的小兒子剛睡下又突然起來，從枕頭下拿起一把竹簡向外跑。曾子問他跑出去幹什麼？孩子說，這是我從朋友那裡借來的書簡，說好了，今天還，再晚也要還人家，不能言而無信啊！曾子笑著把兒子送出了門。

心理學家認為，孩子總是會情不自禁地模仿他所看到的一切。而薰陶法

正是利用孩子的這種心理，讓父母以身作則向孩子施以良好的影響，這樣孩子就會在潛移默化中學會了父母的好品德。

比如在這個故事，曾參為了不給孩子留下「說話不算數」的壞印象，真的把豬殺給孩子吃了，而他的苦心也沒有白費，就在曾子殺豬給兒子吃後不久的一個晚上，兒子本已睡下了，突然憶起借了朋友的書簡該在當日送還，於是毅然爬起床送還書簡，做到了誠信。

英國十八世紀著名政治家福克斯的父親是一名富有的英國人，像許多英國紳士一樣，他覺得教導孩子承襲紳士應有的品德，是他義不容辭的責任，就算為此要付出一定的代價。

福克斯的家坐落在漂亮的花園內。在他家的花園裡有一座舊亭子，有一天父親決定將它拆除，然後在另一個寬闊的地方重建一座。正巧，這天小福克斯從學校住宿回家度假，趕上工人在拆遷亭子。

福克斯對亭子被拆除的全過程非常感興趣，為此他打算晚幾天回學校。但父親卻不許他耽擱學業在家看這無聊的拆遷過程。為此父子間意見不和。

這個時候，福克斯母親如同大多數母親那樣，永遠都是孩子的支持者，所以她便向丈夫為兒子求情。

最後，福克斯父親答應將亭子的拆遷延後到第二年假期。於是，小福克斯就心滿意足地離家返校了。

福克斯父親想，兒子在學校裡忙於學業，肯定會慢慢忘記此事。所以，兒子一走，他就命人把亭子拆了，並另蓋了一座新的。可沒想到福克斯卻一直惦記著這件事。假期又到了，剛一回家，福克斯就朝舊亭子走去。回來後，他悶悶不樂地對父親說：「你說話不算數！」

老福克斯聽後大為震驚，心想自己縱有萬貫家產也無法抹滅食言給孩子心靈帶來的污點，所以他嚴肅地對兒子說：「兒子，你說得對，我錯了，我馬上改。誠信比財富更重要。」說罷，這位英國紳士隨即讓人在原地蓋起了一座亭子，再當著孩子的面把它拆除……

這是父親給福克斯上的最為生動的一課，在少年福克斯心中留下了不可抹滅的印象。而在以後的日子裡，老福克斯再也沒有對兒子失信過。

而後來，成為英國政治家的福克斯更是以其誠信著稱。

在孩子的心中，對誠信這兩個字的概念還很模糊，孩子是否能做到誠信，除了要靠自身的努力，在很大程度上還取決於家長的行為。

因為孩子總是在模仿父母的行為，這對性格的影響是潛移默化的，是在漫長的時間中不自覺地完成的。這就像一片片雪花，它們從空中輕輕飄下，每一片新增加的雪花在雪堆上沒有引起人們的感官上的什麼變化，然而正是這一片片的雪花的積累，造成了雪崩。

重複不斷的行為也是如此，日積月累，最終就形成了難以改變的習慣，決定著人的善良或邪惡的舉動，總而言之，就是形成了人的品格。同理，無數次「言必行，行必果」的行為模式便形成了孩子良好的特質。

家長應從每件小事做起，在生活中用誠信的行為影響孩子，讓孩子在良好的言教與身教下耳濡目染長大，這樣孩子就會自然而然地成為有誠信的人。

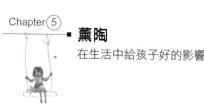

傾聽孩子的「話中話」

媽咪，請聽我說

Chapter 6

平等對待

做好與孩子良好的溝通

與孩子良好溝通的前提，就是平等地對待孩子，做孩子的好朋友。這樣孩子才會願意向你說出心裏話，家長才可以及時幫孩子擺脫各種問題。

如果家長總是擺著做父母的架子，專制地要求孩子服從自己，那麼親子間溝通的大門就會慢慢關上。

給孩子一個發言的機會

生活中，許多家長對孩子講話時總是用訓斥的語氣，要求孩子做事情時則用命令的方式，但在孩子說話時，家長不是粗暴地打斷，就是不理不睬。這是很糟糕的情況，孩子雖小但也有自己的想法和主張，因此家長應該放下自己的專制作風，孩子需要的是可以平等進行語言交談的對象。

在許多家庭裏，都有個很奇怪的現象。

一方面，父母對孩子很嬌慣，對孩子的物質要求有求必應；另一方面，父母卻從不把孩子當作一個有思想、有主見的人，也不考慮對孩子的做法是否恰當，孩子可能會有什麼想法。

因為他們是家長，所以似乎一切的做法都是應該的、合理的。這樣在孩子身上會產生一種什麼樣的後果呢？

有一個孩子名叫果果，他已經是小學五年級的學生，馬上就要升國中了。

可是，他卻不善於語言表達，在眾人面前，一說話就臉紅。孩子為什麼會這麼忸怩呢？

原來果果的父母有一套教育、管理孩子的辦法。有客人來果果家做客，果果的父母要求孩子要有禮貌，要懂事，大人們說話時，小孩子不許亂插嘴，最好是到別的地方去玩，讓大人們專心地談話。

即使是只有一家三口的時候，果果的話也時常被打斷。比如，當孩子興高采烈地說著什麼時，父母卻不時地打斷孩子，糾正他的發音、用詞，或者批評他的某個想法等等，令孩子興味全無。即使是成人，當自己的發言屢遭別人打斷或反駁時，也會興致大減，緘口不言。

因此，這種做法必然會影響孩子個性和能力的發展。多數孩子逐漸變得不願獨立思考、自主行事。道理很簡單，既然想辦法出主意會受到批評指責，那又何必自討苦吃呢？

可是，正如例子中所說的，家長不時地打斷孩子的講話，甚至阻止孩子講話，不給孩子發言的機會，不把孩子當成有思想的人，也就不會用心去體會孩子的想法，而他們到頭來還會抱怨說：

「這孩子怎麼不像別人家的小孩那樣反應靈敏？」

「這孩子怎麼反應這麼遲鈍啊！」

「這孩子真倔，什麼都自己做主，從不聽大人的意見。」

「他一點兒主見也沒有，到底該怎麼辦？」

這能怪誰呢？這就是自食其果。

父母打斷孩子的話，或阻止孩子講話，使孩子的思想表達不出來，使孩子的意見不能發表出來，這樣父母不能瞭解孩子，給予孩子恰當的指導，對孩子成長是極為不利的。

一些孩子變得不善口頭表達，變得沒有主見、怯懦、退縮；而另外一些孩子卻變得獨斷、衝動，聽不進別人的意見。

另外還有一種情況就是，孩子在受到批評、指責時，他們的解釋和辯解常常被這樣的話打斷：「你不要辯解了，這沒用」，「你還敢嘴硬」，「你又開始撒謊」。這些話幾乎在很多家庭和學校裡都可以聽到。

人們習以為常，不再奇怪。但是父母們有沒有想過，孩子在受到批評和責備時，他們為什麼不能辯解呢？

在這種情況下，孩子一般會本能地產生委屈的感覺，進而傷心、怨恨。他會把這種委屈發洩到其他的事物上，或者去想各種好玩的事情來擺脫這種情緒。這往往就是導致孩子頑皮的原因。

教育專家認為，孩子要對某件事進行辯解，而時機又不合適時，明智的父母應該這樣說：「對不起，現在我很忙，但我一定會聽你的解釋，等我有時間咱們再慢慢談，好嗎？」

想想看，這對孩子來說無疑是大旱遇甘霖，他不但不委屈、怨恨，反而信心大增，並會想自己是不是有什麼地方的確做得不妥。

從現實的方面來講，難道有哪位父母真的希望孩子長大以後遇到類似的情況而不辯解嗎？不，那時他的母親一定會氣憤地說：「你為什麼不辯解？你是啞巴嗎？」

孩子的這種權利受到尊重，一般會增強他的自信心和榮譽感，他反而會注意別人的權利是否也被自己尊重，從而自制能力增強。

因此，家長應當把孩子當成是一個有思想的獨立個體，給孩子對等的地位，尊重孩子說話的權利。教育學家認為，只有平等的、民主的家庭才能產生具有獨立意識、樂觀積極的孩子，而專制的家庭只能培養出唯唯喏喏的庸才。

有一個孩子個性內向、膽怯，他的父母很頭疼。後來心理醫生建議這對父母在與孩子溝通時，運用平等對待的方式，就是說把孩子當成與自己地位相等的人一樣來尊重，鼓勵孩子說話。這對父母半信半疑地試了一段時間後，驚喜地發現孩子的話多了起來，老師也告訴他們孩子在學校裏也比較敢於表達自己的意見了。

這就是成功的運用了平等對待的方式，當家長真正地給予孩子平等的地位，不打斷孩子的講話，給孩子發言的機會，把孩子當成有思想的人，用心去體會孩子的思想，瞭解孩子內心的想法，這才是真正盡到了教育孩子的責任。

Chapter 6

平等對待

做好與孩子良好的溝通

開明的父母應該給孩子平等的地位，鼓勵孩子發言，訓練孩子的語言表達能力，讓親子之間的溝通更順暢。

父母要做孩子的好朋友

一些家長常困惑地問：「為什麼孩子有話不願意對我說？」其實原因就是這些家長總是一副高高在上的樣子，因此孩子們尊敬他們，但卻無法理解他們，總覺得跟父母缺少「共同語言」。

如果父母們期望孩子接受自己，那麼就得利用平等相待的方式，去建立起民主、平等的家庭氣氛，做孩子最好的朋友。

美國父母們認為，必須平等地對待孩子，和孩子成為好朋友，才能成為稱職的家長，才能教育好孩子。

我們可以看一下，一對平凡的美國父母是怎樣教育他們的孩子的：弗蘭克和傑克琳是美國阿肯色州的自由職業者，他們在教育孩子方面下了很多功夫。他們說自己一直在努力為孩子提供一種民主的家庭教育環境，他們和孩子的關係就像朋友一樣友好親密。

他們把孩子描述理想的作文保留下來，把他們的學習成績、身高等按逐年變化繪製成曲線圖，從小就教他們唱歌、游泳、划船、釣魚，帶他們到博物館參觀、看展覽、看歌劇，有空還帶他們到大自然中去體驗自然生態的奧妙……

在各種活動中，他們不因為自己是孩子的家長就說一不二，或擺出什麼都對、什麼都懂的樣子，而是做能給予孩子知識和歡樂的最知心、最親密、最可信的朋友。遇到比如搬家、換工作、買車之類的事情時，他們就會召開家庭會議，和孩子商量該怎麼做。還組織家庭音樂會，並將每個人唱的歌錄製在卡帶中。

由於家庭氣氛民主和諧，孩子們生活得無憂無慮。這樣，他們的孩子有事跟父母講，從不在心裏放著，出門會說「再見」，進門先打招呼，做飯當幫手，飯後洗碗擦桌掃地；平時幫忙買菜、洗菜，幫父母盛飯、端湯、拿報紙、捶背；有時父母批評過了頭，也不會當面頂撞，而是過後再解釋。

他們常對孩子講：「我們是父子，也是朋友，我們有義務培養教育你們，也應該得到你們的幫助，你們長大了，會發現我們有很多的不足之處，發現我們很多地方不如你們，這是正常的。因此，我們要像朋友一樣互相諒解，互相幫助。」

在這個美國家庭中，不管是家長，還是孩子，都是平等的，孩子提出的看法，父母都認真考慮，有道理的就接受；而父母的想法也都和孩子講，共同商討。這樣，就讓孩子覺得自己在家裏有地位，受重視，所以也就對家庭更加關心。

如果我們的父母也都能以平等對待的方式與孩子相處，也許就不會有那麼多家庭問題了。與孩子的平等相處主要表現在以下幾個方面：

一、尊重孩子的人格尊嚴

真正把孩子視為家庭的平等成員，尊重孩子的人格、尊嚴，讓孩子獨立思考、自由選擇。

讓孩子自由選擇，也不是說父母就無所作為，父母可以引導，可以幫助分析，但最終的選擇權在孩子手裏。

如果孩子選擇錯了，他自己將承擔責任，一旦意識到錯了，他能很快改正。如果你堅持幫孩子選擇，即使對了，他也不一定會做得很好；要是錯了，他會怨恨你的，因為責任在你。

二、不做專制父母

要想與孩子做朋友，家長就不能總是說一不二。尤其是遇到與孩子有關的事情，家長一定要與孩子商議，聽取孩子的意見，意見對的，要接受；不對的意見，要告訴孩子錯在哪裡。

當家長就家裏的某件事作出決定時，要懇切地徵求孩子的意見，這一方面有利於孩子健康成長，孩子會感到自己是家裏平等的一員，將來就會積極的為家庭著想；另一方面也有利於事情本身的完成。

三、相互深入理解

父母應當努力深入孩子的內心世界，瞭解孩子的願望，尊重孩子的選擇，支持孩子的正當要求。

同時，也向孩子敞開自己的心扉，讓孩子瞭解父母的想法，感受父母的喜怒哀樂，爭取孩子的信任和理解。

這不僅能幫助家長真正成為孩子的朋友，而且有助於家長更順利地引導孩子成長。

四、講道理而不是發號施令

父母不要輕易對孩子的行為作出評價、發號指令，要儘量引導孩子自己去思考。要多關心孩子的思想和行為，對於問題，應透過談話、協商，取得相互間的溝通和理解，最後求得公正合理的答案，應該對孩子說事實，講道理。

五、要堅持自己的原則

要與孩子做好朋友是否就要處處遷就孩子呢？我們強調給孩子發展興趣愛好的自由，但並非自由放任，應該堅持自己的原則。孩子確實錯了，就不能有任何遷就，一定要嚴肅指出，並作出相應的解釋，以免再出現類似錯誤。

如果是自己也弄不清楚的地方，就不要自以為是，固執己見。自己做錯的地方，要勇於向孩子承認自己的過失。要用自己的言行、作風給孩子作出表率，引導孩子形成良好的人格品質。

親子之間不應是統治與被統治的關係，而應像朋友一樣平等、自由。當然，這並不是意味著家長要完全遷就孩子，家長還是要負起引導的責任。

不能要求孩子「唯命是從」

一些父母在生活中總是粗暴專制地對待孩子，孩子的一些想法行為，只要是自己不喜歡的，一律用高壓壓制、「改造」。結果，孩子表面上對父母唯命是從，但心理卻對父母感到怨恨、恐懼、不滿。

其實，父母應該明白，孩子有自己的想法是一件很正常的事，應該認真考慮孩子的感受。

如果孩子真的有問題，可以以朋友談天的方式與孩子交換一下看法，讓孩子心甘情願地接受你的意見。

大剛和幾個好朋友約好了，週六晚上去同學王磊家，下圍棋，同時也討論一下升學考試的事情。

吃過晚飯，他要出門時，爸爸卻大聲呵斥：「都晚上了要到哪兒去？不許去，給我在家裏待著！」

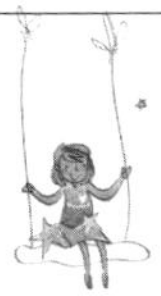

「他去和同學討論考試的事。」一旁的媽媽替大剛解釋，可是爸爸仍然聲色俱厲「升學的事和同學有什麼好討論的？用不著！開家長會的時候，我跟你們班導師已研究過了，你只要好好念書，考高分就行了。」

爸爸教訓完大剛，又轉過頭來對著媽媽說：「就是你太縱容他，寵得簡直不像話！在這個家，我是一家之主，我說了算數！」

大剛的心裏難過極，不僅僅是由於爸爸的阻攔，使他在同學面前失了約而難過，也為爸爸如此的粗暴專制而難過。

其實，他知道爸爸也是疼他的，有一次他生病時，是爸爸背著他跑到醫院。可是，大剛就是受不了爸爸對他自己的事情專制干涉的方式。所以好多時候，他心裏有事，寧願憋著，也不跟爸爸講，免得又招爸爸的責罵。

不加修飾粗暴的言語也是修養不佳的表現。誰都不會喜歡專制的主管或同伴。子女對專制的父母同樣也是反感的，儘管表面上可能表現得「百依百順」。

用這種專制的性格、方式去解決問題往往把好事變壞事，成事不足，敗事有餘。事後不少父母也後悔莫及，但由於未下定決心克服這種毛病，後悔歸後悔，再遇事情時就又舊病復發，弄得孩子見父母如同老鼠見到貓，何談溝通交流，更何談父母與子女之愛？

自然父母不允許孩子做的事，大都是有道理有理由的，可是沒有多少道理或者乾脆不講道理的也大有人在。

但是對孩子，無論是在什麼情況下，用粗暴、命令式的語言、態度只會傷害孩子的自尊心，引起孩子更激烈的反抗。

因此，我們建議家長用平等相待的方式來教育孩子，不要對孩子過於專制粗暴，應該多站在孩子的角度想問題。要知道孩子的思維方式和成人的思維方式是不同的，家長應該抱著平等的態度，丟掉成年人的認知框架，以孩子的眼光來理解他們的世界，並給予引導，那麼親子關係一定會和諧得多。

凱薩琳的女兒薇琪十五歲時，年輕人正流行穿著磨得破破爛爛的牛仔褲。雖然凱薩琳小時候曾經歷過經濟大蕭條，生活拮据，囊中羞澀，窮得沒錢買衣服，但她也沒穿得這麼捉襟見肘過。

有一天，凱瑟林見到女兒站在車庫門口，用泥土和石頭猛磨新牛仔褲的褲管。凱薩琳氣憤地想：「這可是我用錢買來的新褲子，然後又搬出我幼年如何清苦過日，你現在卻如此不愛惜衣服」的說詞，跟她說教了一番。沒想到這孩子好像充耳未聞，根本無動於衷，繼續低著頭使勁地磨著。凱薩琳問她為何要把新牛仔褲弄成這樣，女兒理直氣壯地回答：

「我就是不能穿新的嘛！」

「為什麼不能？」

「現在不流行穿新牛仔褲，一定要磨舊才能穿出門。」

「這是哪一國的邏輯呀？新的褲子不能穿，非要搞得像塊爛布才行。」

最後凱薩琳火了，她命令女兒馬上回到自己房間去，並告訴她：「我絕不會允許你穿成這副德性出門！只要你還生活在這個家裏，就要一切聽我的。」女兒生氣地跑到樓上，然後是一聲巨大的摔門聲。

然而，有一天女兒上學後，凱薩琳突然有了一個想法：何不親自去看看那些女孩是怎麼打扮的呢？因為她突然記起年輕時媽媽反對自己燙「爆炸頭」

的事。

那天凱薩琳果真開車去接女兒回來，以便觀察其他女孩的穿著，結果發現穿得比她更「驚世駭俗」的大有人在。回家的路上，她向女兒表示：「也許我對『牛仔褲事件』反應過度了些。從現在起，去上學或和朋友出去玩，你愛穿什麼隨你的意，我不過問。」

「真的嗎？太好了！您真的不反對我這樣穿嗎？」

「不過你跟我一起上教堂、逛街或拜訪長輩時，你得要乖乖地穿些像樣點的衣服。」

女兒沒有立刻回答，顯然是在考慮。

凱薩琳繼續說：「這樣做你只需讓步百分之一，我卻得退讓百分之九十九，你說誰比較划算？」

女兒聽了之後，眼睛一亮，然後伸出手來抱緊媽媽的脖子跟他說：「那好，媽媽，我們一言為定。」

從此以後，凱薩琳每天快快樂樂送女兒出門，對她的衣服不再嘮叨半句，

而女兒和凱薩琳一起出門時，也會主動打扮很規矩得體。這個協議讓她們母女皆大歡喜。

兩代人之間有太多的不同看法，父母不能因為自己覺得不合理，就粗暴地壓制孩子。教育孩子應該是努力啟迪和教育孩子，讓孩子健康自然地發展，粗暴地強迫孩子如何如何，效果一定不會好。

這個故事中，媽媽意識到粗暴的命令是毫無意義的，自己應該理解女兒的做法，從女兒的角度思考問題，這樣才能圓滿的解決彼此間的衝突。

孔子曾說，「鞭撲之子，不從父之教。」也就是說被鞭子打過的孩子，是不會聽從父母的教導。粗暴無理的專制管教方式，是無法讓孩子真正心服的。

父母們遇到具體事情時，應當多和孩子協商、討論，而在討論具體的問題時，父母不妨多一些幽默感，不要壓抑、限制孩子的願望。對孩子提出的合理要求、願望盡可能地去滿足；對孩子的一些無傷大雅的「離譜」行為就睜一隻眼，閉一隻眼，對孩子的合理建議要認真採納。

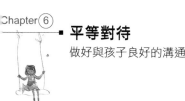

總之，父母一定要平等、民主地對待孩子，這樣孩子才會打從心裡愛父母尊敬父母，才會生活的毫無壓抑感。

對孩子「離譜」的想法與行為，要盡可能地寬容諒解，把孩子當成一個獨立的個體看待，不要粗暴地管制孩子。

如果你能讓孩子把你當成親密的朋友，那麼你就算得上是稱職、開明的父母了。

Chapter 7

事前教育

先給孩子打好「預防針」

兵法上說，最好的防守就是進攻。在教育孩子時也是這樣，與其孩子出現問題後，再去管教、憤怒，還不如提前就給孩子打好「預防針」，提高孩子的「免疫力」，讓孩子少走冤枉路，少犯錯誤。

主動向孩子提及男女朋友交往的原則

青少年間的戀愛一直是家長們廣泛關注的問題，也是家長們最頭痛的問題。進入青春期的孩子對異性產生好感，本是無可厚非的，它是一種純潔而不帶任何功利的情愫，然而過早地陷身其中，卻會影響孩子的身心發展與課業學習，因此，對青少年來說是弊大於利的。

那麼家長怎樣才能避免孩子陷入過早的戀愛泥潭呢？教育學家認為，運用「以攻為防」的方式，做好預防工作是非常有效的。

青少年進入青春期以後，由於生理的變化，會引起性意識的覺醒，開始認識到自己的性角色。對於異性，也由少年時期的相互排斥發展為青春期的相互吸引。

渴望與異性交往，是每一個青春少年所必須具有的心理需求。然而心智尚未成熟，理智尚未能充分發展，無法有效地控制自己的情感。而此時又是學習的黃金時期，學業壓力重，各方面的壓力也大，容不得在其他方面過多地浪費精力和時間。

若此時有了令人陶醉的愛情，任憑它毫無控制地氾濫下去，其後果可想而知。青少年們的「愛情」不但不能使他們提高進取心；相反，卻成了昏沉底日，荒廢功課，甚至毀掉前途的原因。

因此，家長們都是立場鮮明地反對孩子過早的戀愛，只不過很多時候他們採用的方法都是不恰當的。例如有的父母在孩子上國中時就聲色俱厲地警告孩子「不許談戀愛」，有的父母經常性地偷翻孩子的信件、日記，偷聽孩子的電話，監視孩子的行動……這種做法不但避免不了孩子談戀愛，有時甚至還會使孩子因反感父母的做法而故意要去談戀愛。

有一個十六歲的女孩，長得非常漂亮，她的母親因此而特別不放心，總是對她疑神疑鬼，連接個電話她都要偷聽，女孩非常氣憤。後來當一個男孩追求她時，儘管她不是非常喜歡那個男孩，但卻還是答應了，用她的話說是：「我倒想知道過早談戀愛有什麼不好的，媽媽為什麼一定要壓制我！」

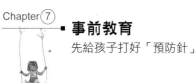

這真是一個令人啼笑皆非的故事，媽媽的管教反倒變成了孩子過早談戀愛的「動力」，這都是由於母親的作法不當所引起的，因此只有採取正確的策略才能預防孩子過早談戀愛。

所謂的事前教育，就是說父母應把過早談戀愛的危害向孩子說清楚，讓他們對早戀有個理性的認識。

一、早戀會影響學習

少男少女一旦過早墜入愛河，往往會神思恍惚，情意纏纏，無法自制，學業成績直線下降。正常的學習生活遭到破壞，對自己擔負的緊張學習任務來說，顯然具有極大的危害。

曾有這樣一位高中生，他本是班上的「模範生」，但由於與同班的一位女同學談戀愛，致使學業成績急速下滑，最後因高中聯考時「名落孫山」而受到刺激，變得精神失常。這一慘痛的教訓可謂發人深省。

二、過早的戀愛影響身心健康

十幾歲的孩子正處於身體發育、心理發展的關鍵時刻。此時，雖然身心發展在許多方面接近了成人，但畢竟還不成熟。如果過早地把精力放在戀愛上面，不僅會有礙於智力的發展，而且還會因父母、老師的譴責和祕密交往的壓力，造成性格上的缺陷和個性發展的障礙，同時對身體發育也有不利影響。

有一位心理醫生的門診個案中有四十多名中學生有「暗戀」的現象，這位心理醫師發現他們普遍不願把自己的感情變化全盤托出。

他們感到的現實壓力一是來自父母的不理解，因而不敢說；二是害怕同學譏笑，不能說；三是擔心對方拒絕，不願說。因此他們心中雖然都有自己的暗戀對象，但心中同時又留有一份自尊。在冒險表白和維護自尊之間，他們往往選擇了自尊。

由於長時間的壓抑，他們當中有的人已患上了精神官能症。這是一種腦部神經系統功能的失調症，主要由心理原因引發，包括焦慮症、強迫症、神經衰弱等。

三、過早的戀愛可能導致離譜的行為

由於孩子自制能力有限，而且有關倫理道德方面的判斷還很不成熟。在這種情況下談戀愛很容易發生意想不到的離譜行為。

對這種潛在的危險，父母一定要讓孩子有足夠的認識，特別是具有過早談戀愛傾向的女學生，父母更應格外警惕。

根據調查，熱戀中的少男少女往往不能控制自己的感情而過早地發生性關係。過早地發生性關係後，給雙方造成的心理創傷是終生都無法彌補的。

四、過早的戀愛有可能誘發犯罪

中學生中鬥毆、盜竊等現象的發生，根據統計大多與過早的戀愛有關。男孩子年輕氣盛，好面子，特別在女朋友面前，更不願意丟臉，他們往往會因為另一方對女朋友說了一句不禮貌的話，或做出了一個不雅的舉動而喪失理智，大打出手，甚至聚眾鬥毆，以顯示自己的英雄氣概。

還有，戀愛需要有物質上的消費，但孩子們經濟上尚未獨立，而父母所提供的錢往往滿足不了需要。為了顯示自己的「大方」，男孩子感情一衝動，就會做出偷竊的行為，不惜以偷或搶來的錢或物來滿足自己的虛榮。

只有讓孩子從思想上認識到過早的戀愛的危害性，認識到過早的戀愛可能給自己造成嚴重的後果，孩子才會在心理上早早做好準備，自覺地杜絕過早戀愛現象的發生。

讓「禁果」不再神祕

當孩子進入青春期後，由於生理的變化，都會有不同程度地對性產生一定的性困惑和性困擾，而我們大多數的父母卻總覺得和孩子談「性」是一件很難啟齒的事，結果產生了一種「禁果效應」：越神祕的東西，孩子越要去碰。

於是他們開始從其他地方尋找答案，甚至是接受一些不健康的東西，家長本來是為了保護孩子，但結果卻適得其反。

生活中，有的父母認為「性」是一件無需教育的事，孩子長大後自然就懂了；或者讓孩子知道這方面的事情，孩子會學壞，因此一定要嚴管。結果由於好奇，甚至是無知，孩子反倒做出了荒唐的事。

十四歲的小雪是個美麗的女孩子，她的父母都是老師，家教十分嚴格。有一次媽媽發現小雪竟然在看生理課本上有關生殖系統的那幾章，媽媽立刻

憤怒地把那幾章撕了下來，還告誡小雪：「這都是不正經的東西，學校也不會教！你就好好用功讀書就行了，不許胡思亂想。」小雪既委屈又害怕，根本不知道媽媽為什麼這麼生氣。

過了幾個月後，有一天小雪告訴媽媽身體不舒服，父母連忙帶她去醫院檢查，檢查的結果是小雪懷孕了，爸爸第一句話是「不可能！」而媽媽氣得差點暈過去，爸爸狠狠地甩了小雪一巴掌，問她為什麼要這麼墮落。小雪又怕又悔地哭著說，自己根本不知道會這樣，只不過是因為好奇而已。

這悲劇給我們留下的是沉重的思考，一位教育學家說：「封閉的青春期性教育已使父母和孩子嘗盡了人生的苦果，因此，正確對待青春期，合理引導孩子接觸性知識，是孩子健康成長的重要步驟。」

因此家長們何妨轉守為攻，以攻代防，在合適的時機，主動揭開「禁果」的神祕面紗，讓孩子對性有個正確的認識，能夠變被動為主動地適應自身在生理和心理上所發生的種種變化，把本能的性慾望昇華為高尚的道德情操和精神追求。

美國性教育家戈爾頓教授認為，受到家庭性教育的青春期少男少女，大都能延遲首次與異性接觸的時間。同時，戈爾頓教育還強調：不要指望僅僅用某種教科書來解決孩子青春期的所有問題，而最好的家庭性教育的方法是與孩子話家常、在日常生活中，父母可以借某件性問題方面的事，打開話匣子，讓孩子瞭解性活動、甚至避孕方面的知識。

瞭解這些，並不等於允許他過早地這樣做，而是要讓孩子知道過早這樣做有害無益。父母應該意識到性教育與教孩子說話、走路一樣，是很正常而必需的。但是教育學家也告訴我們，性教育還要講究一定的方式與方法才能達到預期的目的。

一、不要教的太早，教得太多

魯尼已經七歲了，他開始念小學。第一天下午，魯尼放學回家後直截了當地問他母親：「媽，性是什麼？」這個問題一下把她問傻了。

她原以來還要過兩三年才會接觸到這類問題，所以她毫無應戰的準備。各種對策迅速地掠過腦海，她斷定在魯尼的新學校一定有個可供選修的性教育課程，於是他在那裡知道了性。

現在她別無選擇，只好告訴他一些細節，為他補上這個缺。她和她瞪大雙眼的兒子坐了下來，詳盡地給他講了整整三十分鐘，講得口乾舌燥，雙手汗濕。

當她最後講完時，魯尼舉起他的註冊卡，問道：「可是，在這樣小一張紙片上我怎麼填得上你講的一切呢？」

一些父母和許多過分「開明」的教育工作者，常犯的錯誤之一就是趨向於教得太早、教得太多。比如，在一些學校裏給幼稚園的孩子放映動畫教育短片。像這樣輕率魯莽地過早開始性教育是不可能收到多少明顯的成效的。

實際上，許多證據說明，操之過急是會帶來很多危險的。把孩子暴露在他毫無準備的現實面前，可能使他受到一種嚴重的感情震盪。再者，教給孩子一些不必知道的東西也是不明智的，因為這會使他過早地失去童稚。

如果一個七歲的男孩子預先就知道了成年人的性行為，那要他等上十年、十二年。再運用他所知道的屬婚姻範圍之內的知識是不大可能的。

過早的性教育還可能給孩子帶來過分的刺激。孩子知道了成年人那充滿刺激的性體驗，然而可望而不可及的現狀會使他徒然焦慮。孩子應專心於孩子的興趣愛好，而不應沉湎於成年人的樂趣與慾念之中。

這並不是說把性教育延遲到童年時期以後，而是說這種教育似乎應與孩子的精神及身體的需要保持一致，這才算得上恰當。

二、把握教育的時機

孩子的發問為父母提供了確定他是否為性教育做好了準備的好最指南。他的問題告訴父母們，他在想些什麼以及他想知道些什麼。他的問題還提供了一個教育的自然媒介。在他充滿好奇心的時候，父母回答這些問題比忽視、回避或以後再行解釋要好得多。

預先安排好了的教育課程常顯得冗長無味，好似「一言堂」，這使談話的雙方都覺得不舒服。雖然這種有問即答的方法在性教育中常常不失為靈丹妙藥，但用在一些從不提問的孩子身上就明顯不恰當了。

如果孩子對性的問題不感興趣，父母也不能因孩子沒有提問而可以忘記其責任。關於家庭性教育的時間安排問題，最後還有一點很重要，在孩子即將進入青春期前，父母就應停止其教育計畫。女孩子的青春期一般始於十到十七歲間，而男孩子始於十二到十九歲間。

當他們步入這一發展階段，他們就特別不好意思和其父母討論性。在此期間，他們常常不喜歡父母去打擾他們，父母應當尊重他們的願望。在此之前，我們有十年的時間為他們提供有關性的知識，一旦奠定好了這個基礎，我們就只需為孩子選擇適當的朋友。

性教育不是「教唆犯」，而是為了讓孩子正確對待「性」，不再因為好奇而誤闖禁區，不再因為無知而犯下錯誤。

別把網路當洪水猛獸

網癮對一個家庭的影響是災難性的，孩子因為網癮而放棄學業，家長為此焦慮不已，彼此抱怨，造成了許多家庭問題。那麼，家長就沒有什麼辦法可以去防止孩子癡迷網路、上網成癮了嗎？

與其在孩子上網成癮後再行打罵教育，還不如在孩子接觸網路的過程中，就不斷給孩子增強免疫力，讓孩子對網路有個理性的認識，不至於掉落「網路陷阱」中。

這是一位母親的自述：我女兒今年十五歲，學業成績一直都很好，現在在北部的明星中學讀國三。女兒非常乖巧，既懂事、聽話，學業成績也很優秀。我的同事和朋友也都很喜歡她，並稱讚她是一個好孩子。

可是，上了國三以後，女兒的改變就讓我感到非常煩惱。今年暑假，她喜歡上了上網，就常去家裏附近的網咖。我不放心孩子一個人去網咖，怕她

學壞，就買了一台電腦，讓她在家上網，女兒也很高興，就開始在家上網，我也放下了心來。

一開始，她每天是寫完作業再上網，我也就沒管她。可是後來，她一吃完晚飯就打開電腦，我覺得不太對勁，就提醒她先做作業，再上網。起初她還能聽我幾次，後來就根本不聽我的。我怕耽誤學業，就告訴她除了週六、日外，平時不許上網。她答應了，可是，有一次半夜醒來，發現女兒又在上網。

我很生氣，就訓了她一頓。女兒不但沒有認錯，反而說我跟不上時代，不懂得上網的樂趣，而且說自己年紀不小了，讓我別管得太多。我怎麼能不管呢？高中是一個很重要的階段，不好好讀書的話，就可能考不上好的大學。於是，就把電腦的電源線藏了起來。女兒很不高興，說我限制她的自由。

自此，她開始不理我，放學回家進門連打個招呼都懶得開口，問她個什麼，也僅以「是」或「不是」作答，吃完晚飯就回自己的臥室，並把門緊緊地關起來。

我滿以為把電源線藏起來，就可以讓她專心讀書。沒想到女兒為達到上網的目的，她白天開始蹺課，這是過去從未有過的事。我見孩子為了上網有愈演愈烈的趨勢，怕她上癮什麼的，一方面讓老師嚴格管教，同時自己一有空就去學校看看，而且在中午和晚上放學時儘量抽時間去接她回家。

見我這樣做，女兒要麼不理睬我，要麼對我發脾氣。我並沒有責備她，而是儘量安慰她。可是她並沒有改變，仍然想盡一切辦法去上網，如趁我上班忙，沒時間接她的時候，或考試謊稱身體不舒服不去上課而去上網。我想再這樣下去，遲早會出事的。

因此，從前天起，我就請了假，跟著她去學校，放學後把她接回來，希望能讓她不去接觸網咖。可是就在昨天晚上，我聽到她在電話裏說，要她的網友帶著她離家出走。現在她爸爸也請了假，我們一起看著她，但以後又該怎麼辦啊！

這位母親的煩惱同時也是很多母親的煩惱，現在像這樣上網成癮的孩子，在生活中並不少見，那麼這些孩子為什麼會這樣癡迷於網路呢？分析清楚這個問題是非常必要的，只有先瞭解「病因」，家長們才能提前採取措施，在這些方面多投入精力，讓孩子不必從網路中尋求解脫。教育學家認為，導致孩子癡迷網路的原因主要有以下幾種：

一、尋求心理滿足

一些孩子在生活中，學業成績不好、體育運動不行，在生活中感覺到自己是個失敗者，但這些孩子在心理上卻非常希望自己能獲得成功。而網路就為這樣的孩子提供了一個符合他們期望的虛擬世界。

虛擬世界獲得成功的機會遠遠高於現實生活，特別是在網路的遊戲與聊天活動中，青少年更能充分體驗這種成功的喜悅。

網路遊戲已經不同於以往的電子遊戲，它既沒有確定的程度，也不是個人與電腦的對戰，而是網路中由不同的人所支配的替身所進行的競爭。如果在遊戲中贏了對方，就可以滿足個人渴望成功的需求，如果失敗了，也可以重新開始，甚至重新尋找替身以求獲得成功。成功的相對性與可能性都有力地吸引著渴望成功的青少年。

網路聊天情況也相同，當孩子以暱稱進入聊天室的時候，就已經選擇了自己的替身，如果在與其他人聊天時得到稱讚，就會獲得成就感的滿足。

二、尋找宣洩情感的管道

家長們往往過分關注孩子的學業成績而忽視了與孩子的情感交流。在家庭裏、在學校裏孩子們始終感到壓抑，需要一個宣洩的管道，於是網路便成為一個很好的宣洩管道。由於網路沒有時空、地域、背景、年齡、性別等方面的約束，孩子們很容易沉迷進去而不能自拔。

三、尋找朋友的認同

田田是個性格內向而又聰慧的女孩，在家裏父母只會關心她的學業，而在學校，由於她太文靜又找不到知心的朋友。有一個週末，田田不想回家，在路上閒逛時，看到一家網咖，她從未進去過的，但這次她進去了。

她進入了一個交友聊天室。雖然也有很多無聊的人說些吹噓無意義的話，但是她也找到了幾個人，可以好好地談內心的感覺。田田被深深地吸引了，以後，網咖成了她每天下課之後最想去的地方。

在學校她更少跟周圍的同學說話了，常常下課了一個人坐在那裏時，就

會想到幾個網友的調侃，他們的對話總會讓她一個人偷偷地笑。有的時候因為不能去上網，她的心情就會變得非常煩躁和抑鬱，上課也覺得沒精神。

現在的孩子大多是獨生子女，在家中感覺孤獨，如果父母與孩子的溝通不夠的話，其內心的精神需求在現實生活中就得不到滿足。網路的出現恰好給予他們一個機會，由於網路具有的不可知性和神祕感，喜歡幻想的孩子很容易對網路產生好感和依賴，他們可以透過在網上與同齡人的交流，宣洩內心真實的快樂、煩惱、孤獨和痛苦。

因此可以說，孩子上網成癮與家長和家庭環境有很大的關係，因此家長就可以針對導致孩子迷戀網路的這些原因，以攻為守，防止孩子上網成癮。

藍太太曾經從報刊雜誌上多次看到報導孩子上網成癮的事，她非常同情那些孩子的父母，但也決定絕不做其中之一。於是在兒子九歲那年，她就開始了「戰略佈署」：她鼓勵孩子學電腦，同時自己也跟著學；她儘量把兒子的課餘時間安排的豐富多彩，學英語，學跆拳道，打保齡球，週末帶孩子去爬山、郊遊、去動物園、去海洋世界；她和孩子是親密無間的好朋友，孩子什麼話都願意和她說；她並不特別禁止孩子玩電腦遊戲，但自己一定在旁邊陪伴，並控制時間；她也不忘記教育孩子網路只是個虛擬的世界，上面的一切再美好也是鏡花水月……轉眼間兒子已經十四歲了，他的學業成績優秀，樂觀活潑，他每週定期定時上網，不用父母監督，自己就能控制時間，他對製作飛機模型的興趣遠比玩網路遊戲大的多……

藍太太的成功就是緣於對事前教育的成功運用，因為把預防工作做在了前面，所以免去了許多煩惱。

從藍太太的成功經驗裏，我們總結出運用事前教育的方式來教育孩子的幾個要點，家長們不妨參考一下：

首先，要營造一個良好的家庭氛圍，家長要以身作則，養成良好的生活習慣和民主作風，讓孩子從小就學會自我管理，自我控制，懂得要實現人生理想必須學會對慾望的克制，明白在網路虛擬世界獲得的滿足越多，離現實生活中成功的目標就越遠。

性格軟弱、虛榮心強的孩子容易過早的談戀愛。這部分的人以女生較為多見，她們從小嬌生慣養，依賴性強，找個男朋友，她們便覺得有了依靠，她們把自己附屬於一個男孩，因此，很容易成為男生愛的俘虜。

而那些虛榮心強的女生，大多是由於強烈的虛榮心，使她們樂意接受男孩子的殷勤、讚美以及小恩小惠。

有的孩子是出於「攀比」心理而走上過早戀愛的。她們看到自己的同齡人有了男朋友，進出電影院、ＫＴＶ、ＰＵＢ等，於是也不甘落後。

對於這類孩子，一方面讓他充分認識過早戀愛的危害，另一方面應鼓勵他們根據自身特長參加有益的文藝活動，在活動中認識人生價值，增強社會責任感。

另外，父母要為孩子制定使用規則。首先是時間的控制，在校學生課業繁重，用電腦只能作為一種學習上的輔助工具，每天使用時間以一個半小時以內為當。節假日可以多一點，但不宜超過三小時。

若孩子參加網上的教學活動，可適當調整。其次是內容上的控制，要禁止孩子上網聊天和觀看色情影片。

網路是孩子學習知識的重要工具，父母不要視網路如洪水猛獸，只要能先給孩子做好心理輔導，並去除可能導致孩子癡迷網路的一些因素，那麼父母就可以將孩子引向網路學習知識的正途。

Chapter 8

疏導

讓孩子由對立變成合作

面對孩子的叛逆，既不可過度壓抑，又不可放任不管，只有抓住孩子叛逆的根源，耐心疏導，循循善誘，才能把孩子引導到正確的人生道路上來。

面對青少年戀情做個開明的父母

如果你家有正處於青春期的孩子，那麼青少年戀情可能就是你不得不關注的話題了。假如孩子真的談戀愛了，身為父母的你將採取什麼樣的對策呢？嚴堵嗎？事實證明這是最無效的教育方法。父母應該瞭解青春期的孩子被異性吸引是極其正常的，家長應該用溫和的態度對孩子進行開導，幫孩子渡過這段尷尬的青春期。

父母一旦發現孩子真的談戀愛，通常會感到震驚和憤怒，認為這些孩子太不懂事，道德品德太差。一有蛛絲馬跡，必查個水落石出。不少父母方法欠妥，總把青春期的子女當作小孩子看待，不尊重孩子的人格尊嚴，私拆子女信件，查看日記，監聽電話，動不動就要嚴加管教，看不順眼就任意訓斥、責罵，還不允許辯解，因為辯解就是「翅膀硬了」、「頂嘴」、「造反」、「那還得了」。一旦發現「證據」，更是大動干戈，拳腳相加，控制人身自由。

這往往會激起孩子的憤慨和內心的抗議，容易讓孩子形成孤僻的性格，與家人疏遠，甚至故意和父母做對。

小明今年讀國一。有一次，媽媽在洗他的衣服時，發現，口袋裏有張紙條，上面寫著「我愛你」，以及幾點在什麼地方約會之類的話。媽媽一看，立即明白已經有小女生向兒子示愛了，由於怕影響孩子學業的進度，媽媽急壞了，未經思索就數落起兒子，然後又批評那女孩。但小明非但一句話也聽不進，反而很堅決地示威：「我就是喜歡她，怎麼樣？」

母子關係一度陷入僵持狀態，媽媽十分苦惱。媽媽的這種嚴厲處理方法就很不恰當，這樣做不但沒達到教育的目的，反而還產生了羅密歐與茱麗葉效應。

所謂羅密歐與茱麗葉效應，就是當出現干擾戀愛雙方愛關係的外在力量時，戀愛雙方的情感反而會加強，戀愛關係也因此更加牢固。

因此，心理學家認為，當發現孩子談戀愛時，父母不應硬堵，而是要開導，比如用暗示或提醒之類的語言加以引導，從青少年戀情其負面影響入手，培養孩子樹立自尊自愛的道德情操。不要直接批評孩子的錯誤而是採用打比方、舉例子的方式去提醒孩子。

這對於自尊心較強，有一定上進心且善解人意的孩子來說，舉例得當很可能會使之懸崖勒馬。勸說孩子時語氣要溫和、委婉。向孩子指出「愛」本身並無過錯，但作為孩子應遵守校規校紀，別讓戀愛影響了自己的理想前途。

我們來看看下面這個故事：有一位十七歲的高中男孩，與一個同班女孩相戀了，男孩的父親與兒子進行了一次屬於兩個男人之間的朋友式的談話——

父：兒子，你是不是覺得她是最好的女孩？

子：我覺得我認識的女孩裏她最可愛也最善良。

父：爸爸相信你的眼光。但是，你才上高二，你認識的女孩有多少？

子：……

父：記得你的理想嗎？你說你要上大學，將來還要出國深造，想成為一名律師或金融家。你知道你將來會遇上多少好女孩？爸爸並不反對你現在交女朋友，但是，爸爸最反感的是見異思遷。你十七歲就有了女朋友，這女朋友是你到目前止認識的最好的女孩，可是，你將來會有更多的機會，到那時你該怎麼辦？

子：可是，現在讓我離開她，我會很痛苦。

父：你國三時買的照相機呢？

子：前兩天，媽媽幫我買了一台新型的相機，我覺得效果比原來那個好，就把那個扔到箱子裏了。

父：這就叫一山更比一山高。你如果把握好每一個屬於你的機會，你以後的成就只會比今天大，你面對的世界只會比今天更寬闊，到時候你的選擇只會比今天更好，更適合你。如果你現在與這女孩真有那份情緣，到時候讓它開花結果更好。兒子，一個人一生不可能不做些讓自己後悔的事，但是，人生大事只有幾件，後悔了，就遺憾終生。

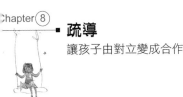

子：爸爸，我懂了……

在父子輕鬆的交談中，青少年戀情的問題被解決了，這是成功的運用開導的一個例子。在交談中，父親沒有隨便指責孩子，而是從側面啟發、開導。開明的家長是不會用粗暴的言語指責或打罵孩子的，因為他們知道這樣做只能使孩子的叛逆心理加重，把戀愛活動轉入地下，越陷越深。有些孩子在向家長亮牌後，家長態度強硬，孩子無可奈何，出走、自殺，不能說家長沒有責任。此時家長應心平氣和，循循善誘，使孩子懂得青少年戀情弊於大利，很難有結果。

家長應引導孩子自己學會冷卻這種狂熱，把與異性交往控制在友情的範圍之內。

如果家長發現孩子談戀愛，千萬不能當著很多人的面羞辱或諷刺孩子，而應尊重孩子，允許孩子們繼續交往，教導孩子破除異性交往就意味著戀愛的狹隘的庸俗觀念，教導孩子如何與異性相處，學會用理智請節自己的感情。

同時應注意轉移孩子的情感，讓他多與班級裏的同學接觸，建立起濃厚的友誼，包括與其他異性的接觸，比如開生日宴會可邀請一些嗜好、性格有差異的同學，包括異性，讓他能同時領略更多人的優點，轉移注意力；鼓勵

他多參加團體活動，如郊遊等，讓他逐漸排除心中的鬱悶，重新給自己的感情定位，把主要精力全部投入學習中去。

有位媽媽的做法很值得借鑑。

這位媽媽發現孩子談戀愛，不僅沒有斥責兒子，反而比過去更關心兒子，知道兒子喜歡英語，便鼓勵兒子參加英語活動，還啟發兒子寫日記，寫作的功力得到了迅速的進步。於是，兒子的作品頻頻出現在學校的刊物上。兒子開始由一對一的交往轉向了團體，常為班級做好事，被選為班代。一年後，期末考試全年級第六名，被選為模範生。

學業、團體活動成了兒子的主要活動，當初對異性的愛慕心理漸漸平息、淡化。

另外，父母還要尊重談戀愛的孩子，粗暴的禁止和阻撓，會讓初嚐戀愛的孩子產生叛逆心理，越陷越深。因此家長應當運用開導的方式，以理動之，以情感之，讓孩子能理智地處理初戀的問題。

耐心疏導化解孩子的叛逆

孩子進入青春期後，往往會產生一種叛逆心理，喜歡和父母親唱反調，要他往東，他偏往西；叫要他往西，他又偏要往東，而一些好孩子也變得不聽話起來，這些都讓家長頭痛不已。

對於這種情況，家長應該認識到，如果對孩子的叛逆心理與叛逆行為聽之任之，很可能會使孩子形成病態人格，但如果對他粗暴制止或強行壓制，就會加劇孩子的叛逆心態，將他們推向另一個極端。家長只有耐心的開導，才能解開孩子心中的結，消除孩子的叛逆心理。

李楠今年十四歲，從小就很聰明，也很聽爸媽的話，可是近來變化較大。凡事總愛與父母頂嘴，自作主張，有時還故意要和父母作對。

例如，小學畢後業，爸媽為李楠選擇了就近的一所明星中學作為報考志願，而李楠偏挑選了一所離家較遠的中學。她不是喜歡路遠，而是故意與爸

媽唱反調。李楠有過敏性鼻炎，爸媽去醫院幫他拿回來的滴鼻子藥水，她卻故意把藥水打翻；爸媽問考試成績，她故意說不及格；爸媽平時工作忙，找機會想跟李楠聊聊，她卻把爸媽拒之門外……這些都讓李楠的父母十分焦急，不明白李楠為什麼突然這麼不聽話，李楠的父母不知該如何是好。

生活中，很多父母抱怨，隨著孩子一天天長大，煩惱就越來越多了，總覺得孩子越大越不聽父母的話，越難管教，「半大小子，氣死老子」。為了糾正孩子的叛逆心理，家長們想盡了辦法，最初是忍讓，然後是哄勸，接著就是打罵，等這些辦法都沒用時，一些家長就灰心、放棄了。

陸偉是個十五歲的孩子，是家中的獨生子，是父母頭痛的根源。

據媽媽說陸偉在上中學以前，原本是個不錯的孩子，學業成績不錯，還是班上的體育股長，老師還說陸偉頭腦靈活。可是現在——現在這個兒子就像是一個小混混：頭髮染的五顏六色，抽煙、蹺課，甚至還交了一個女朋友，父母痛心極了，就算是青春叛逆期吧！但自己也沒忽視管教孩子，怎麼越管倒越糟了？

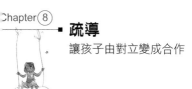

後來陸偉的媽媽帶著陸偉去看心理醫生，在心理醫生的引導下，陸偉終於說出了自己的心裏話：也不知道為什麼，反正上中學後，我就覺得很煩躁，看什麼都不順眼！偏偏爸媽還把我管的更嚴了，處處限制我，我又不是小孩了，有些事我討厭他們管我。而他們卻說我學壞了，不讓我交女朋友、不讓我和不三不四的人來往，要我好好讀書……我才不聽他們的呢！他們要我怎麼做，我偏不那麼做。」說到這裏陸偉甚至得意地笑了笑，「好了，現在我變成壞孩子了，讓他們再管我，再罵我！」

美國六〇年代嬉皮運動的口號之一是：「如果吃藥違法，我們早就吃了。」這句口號反映出了叛逆期孩子的一種典型心態：和一切正統的東西對立著！

而這一時期的孩子最反感的就是父母粗暴的壓制，他們甚至會為反抗父母的壓制，故意走上歪路，就像故事中的陸偉一樣。

那麼怎麼辦呢？教育學家認為，與其「防堵」，不如「疏導」，只有運用開導的方式才能化解孩子的叛逆心理。

叛逆心理總是伴隨著一定的不愉快情緒體驗，因此先要「疏通」，然後才能「改道」。

首先，主動與孩子建立良好的關係或改善原有的不和諧關係，以贏得孩子的信任。真誠、尊重是與孩子交談和溝通的前提。其次，學會傾聽，用同理心去考慮孩子面對的問題。這個時候並不需要對孩子的情緒進行邏輯分析，也不需要侃侃而談教育大道理。

多鼓勵和引導孩子毫無保留地說出自己的看法和感受，是改變認知偏差的前提。認真的傾聽與感受的回饋不僅有利於孩子敞開心扉，緩解情緒壓力，而且有利於儘快找到產生叛逆心理的「根源」。

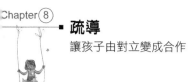

下面就是運用開導方式時的幾個關鍵方法和技巧：

一、平和地探討，切忌粗暴

當父母面對反抗、叛逆的孩子時，其方式應該是循序漸進，其目標應該是：竭盡所能地使用更為溫暖、平和，以及尊重的態度與孩子相處；以自己的彈性去應對孩子的缺乏彈性。舉例來說，當父母幫孩子繫鞋帶時，他可能會把腳挪開，並說道：「幹嘛綁得那麼緊，真笨！這樣會弄痛我的腳！」」這時，父母應避免呵斥：「不要用這種態度和我說話！」而應該深呼吸一下，讓自己平靜下來，然後說：「我想你的腳可能有點兒敏感。」當父母再替他重新繫好鞋帶時，可以問他：「這樣是不是好多了呢？」

在其他的時間裏，父母也可針對為什麼他會對父母如此生氣、並沒禮貌地說父母「真笨」的這個問題，和他進行較為廣泛的探討。這時，父母就可以協助他看清一項事實：他對父母的要求可能過於苛刻了。

當父母幫助他瞭解到這個事實，並鼓勵他變得較具彈性的時候，請切記一件事：他對自己的要求很可能也非常苛刻，甚至用「真笨」或是更糟的形容詞來與自己說話。不論孩子對父母做了些什麼，他很可能會以更惡劣的方式對待他自己。當父母對他做出太強烈的斥責時，父母或許只會讓他對自己的自我批評更為激烈，甚至會造成更深的自我嫌惡。運用感情移入及彈性，再加上心平氣和的解釋，父母將可以幫助孩子瞭解到：他對於父母，還有他自己的要求都太過於苛刻了！

二、傾聽孩子的心聲

在與孩子交流溝通中，家長不僅要認真地聽，而且要會聽。認真地傾聽是指拋開教導模式，把主動權讓給孩子，引導孩子自己說。會聽是指家長要善於從孩子的角度看問題，冷靜地思考，瞭解問題的癥結。

三、現身說法拉近距離

家長可以在孩子跟前承認自己也曾有過偏執、怨恨或古怪的言行，有意識地自我表露，這樣可以拉近與孩子的心理距離。

當孩子覺得自己不能被人理解時，家長可以適當地透露自己也曾有過類似的感受或體驗。這樣有助於有叛逆心理的孩子解除心理防線，共同找到解決問題的辦法。

四、放下父母的架子，平等溝通

許多時候，父母要站在第三者的立場分析孩子叛逆的原因。許多父母總覺得自己是對的，孩子應該聽父母的。但是，孩子有自己的思維方式和處理問題的方式，所以父母應該放下架子，耐心聽一聽孩子的想法，從感情上、從具體事件上與孩子達成一致，做一些適當的讓步。

面對孩子的叛逆，既不可過度壓抑，又不可放任不管，只有抓住孩子叛逆的根源，耐心疏導，循循善誘，才能把孩子引導到正確的人生道路上來。

把孩子從虛幻的網路世界帶回來

網路世界是一把雙刃劍，是孩子學習知識獲取資訊的重要平臺，但它也是一個陷阱，特別是社會認知不足，自我防護、自我控制能力弱的孩子，往往會受到其負面影響。

現在青少年上網成癮已成為一個嚴重的社會問題，一些家長甚至談「網」色變。那麼怎樣才能把孩子從網路世界帶回來呢？

「網路成癮症」近兩年迅速蔓延，據美國臨床醫學的一位神經科醫師提出的定義，網路成癮是指「過度使用網路而在幸福感上有所欠缺」的一種網路綜合症。

孩子一旦患上這一症狀，就會難以自拔，初時只是精神上的依賴、渴望，而後發展成為軀體上的依賴，表現為情緒低落，頭昏眼花，雙手顫抖，緊張焦慮，疲乏無力，注意力不集中等。

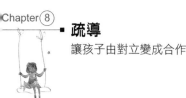

專家認為，網路成癮與煙癮、酒癮、毒癮有著相似的症狀，一旦癮發便難以忍受。正因為網癮對孩子危害太大，家長們視網路為洪水猛獸，千方百計地圍堵，限制孩子上網，或者對上網成癮的孩子粗暴打罵。

然而專家告訴我們，這粗暴的教育方式，孩子或者更願意在網路世界裏逃避現實中的打罵，或者被激起叛逆心理：「偏上網給你看！」

吳貝上網已經有好幾年了，他喜歡在網路上交朋友。他的部落格網站上，已經有了好幾百個網友。寒暑假或週末時，每天爸爸媽媽一去上班，他就來到網咖裏，一天到晚的在網路世界裏面和人聊天和玩遊戲。甚至有時他會翹課混到網咖裏。

他在網路上的人緣非常好，很多的朋友都是同一年齡層的人，大家都稱讚他聰明、夠義氣。而且因為打字快，他能同時跟好幾個人聊天。他在聯網打網路遊戲時也是一名常勝將軍，一路過關斬將，所向披靡，朋友們都對他讚歎不已。

在網上，在朋友和他自己的眼中，他都是一個非常了不起的角色。每次

一進入網咖，他就覺得自己變成了一個傲視天下的英雄般人物。然而，常常在玩得正起勁的時候，忽然爸爸不知從哪裡冒出來，擰著他的耳朵把他從網咖裏面拎出來。

被捉回家後，吳貝面對怒氣衝衝的爸爸媽媽，面對桌上攤著的不及格的考試卷，他整個人像是洩了氣的皮球一樣，覺得自己一下子從天堂被踹到了地獄，從一個被人崇拜的英雄，變成了現實世界裏面的一個可憐的小人物。吳貝一邊挨罵，一邊想：「還是在網路上那個世界比較爽快一些。」

生活中有許多像吳貝這樣的孩子，他們在網路上找到了虛幻的滿足，在現實中，父母越訓斥他，越不准他上網，他就越要往網路世界跑。漸漸地，「你不讓在家上網，我就去網咖；你晚上把門鎖起來不讓我出去，我就白天不上課。」

父母們可能覺得責罵孩子也是為孩子好，但是孩子們卻不那麼想，他們會認為父母太粗暴、太專制。因此，對於上網成癮的孩子，父母只能運用疏導法，透過溝通、交流，使孩子轉變態度，戒除網癮。

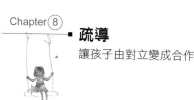

那麼父母們具體應該怎樣做呢？

一、教育有網癮的孩子時，首先要讓他認同你、不對你反感。在勸導孩子時要讓他感覺到，你們是平等的，而不是來訓斥他的。

有一位家長，看到十五歲的兒子又坐在電腦前玩遊戲，於是主動坐到孩子身邊，「玩什麼呢，兒子？」孩子猶豫地看了看爸爸，「遊戲！」「是嗎？怎麼玩的？」爸爸一副很感興趣的樣子。兒子放鬆了警戒，「對呀，爸爸這很好玩！你看，這個是『炸彈』，這個是『飛機』，我一按這個就……」最後兒子得意洋洋地告訴爸爸，自己已經晉級為將軍了。

爸爸趕快接過話來說，「對呀！爸爸望你的理想就是當『將軍』，不過爸爸不但希望你在遊戲裏當將軍，也希望你在現實裏能當上將軍。」兒子疑惑不解地看著爸爸：「那我該怎麼做啊！」考軍校啊！好好鍛鍊身體，好好讀書。」兒子似懂非懂地聽著，沒有再說話。第二天爸爸下班時，意外地看見兒子正坐在書桌前，認真地寫作業，爸爸笑了。

這位家長，既沒有打罵孩子，也沒有向孩子說教，只不過和兒子以輕鬆的態度溝通了一下，讓孩子自己思考問題，結果兒子就轉變了態度，主動學習起來。

二、加強與孩子的情感溝通。

很多家長對青少年喜愛的網路遊戲深惡痛絕，一旦孩子著迷後，就將責任歸結於網咖的存在，而忽視了自己與孩子的溝通。網路遊戲能在虛擬世界中給孩子極大的滿足感，沉溺其間不能自拔的孩子大多性格較內向，交際能力較差。

做父母的要從自身找問題，這樣才能幫助孩子。父母應該和孩子透過互動方式加強溝通和接觸，先從改善關係開始，讓孩子能聽得進家長的話，進而覺得有道理，到逐漸主動努力約束自己。

三、豐富孩子的生活，轉移孩子的注意力。

專家發現一些孩子之所以迷戀於網路，是因為他們的生活太單調，缺少新鮮的刺激，因此家長應鼓勵孩子多接觸戶外活動、校內校外的團體活動。孩子上網前可以用他們能夠接受的形式控制其上網的時間。

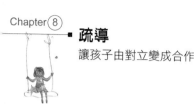

另外轉移孩子對網路的興趣，發展孩子的其他愛好，是幫孩子戒斷「網癮」的最好辦法。比如培養孩子在英語、繪畫、體育、下棋等方面的興趣，要孩子覺得網路只是學習的輔助工具。

四、與時俱進，與孩子一起上網。

青少年大多對「新鮮事物」缺乏判斷，容易沉溺。有些家長看到孩子上網頻繁，就採取限制時間、限制金錢等方式進行控制，但往往適得其反。當今社會資訊技術一日千里，網路學習更是一股不可逆轉和抗拒的時代潮流。而教育學家指出，處在這樣一個知識、技術、觀念、思想都劇烈變動時期的父母，與其對孩子進行「防堵打壓」、「因噎廢食」，不如順應時代潮流，正視現實，鼓起勇氣和孩子一起學習電腦、一起更新自己的知識體系，接受適應現代社會新的價值觀念。

☂ 醫治網癮，堵不如疏，防不如導。把道理講清楚，把時間控制好，把內容限制好，是完全可以把孩子從網路世界帶回現實世界的。

Chapter 9

嚴管

別讓孩子的小毛病變成大問題

生活中，孩子有時會有一些小毛病，比如霸道、沒禮貌、懶惰等等，這時候家長就要注意了，這些問題雖小，但也要嚴管，防微杜漸，否則這些小毛病就會變成大問題，到時候家長再想讓孩子改正，就不那麼容易了。

不要姑息孩子的小毛病，嚴管同樣是愛的表現。

嚴管壞行為才不會形成壞習慣

一些家長常常會這樣評價自己的孩子：「我兒子功課好、體育佳，可惜就是有些壞習慣讓人受不了。唉！」所謂習慣，當然是在生活中慢慢養成的，而孩子之所以會養成壞習慣，也都是由於當孩子剛出現小毛病時，當父母的或者聽之任之，或者姑息遷就，以至於有了這樣的結果。

如果家長能一直對孩子進行嚴管，努力消除妨礙孩子形成好習慣的消極因素，那麼他們也就不會有後來的煩惱了。

彤彤是父母的掌上明珠，從小父母就對她格外嬌慣。彤彤雖然聰明可愛，但也有不少小毛病和小脾氣。比如挑食，不吃青椒，不吃薑蒜，不吃牛肉；還有不會洗衣服，她的衣服從來都是媽媽洗的；另外，彤彤還特別任性，什麼事都得聽她的，愛發脾氣……不過父母認為，誰家的孩子沒有壞習慣呢？想管呢！自己又捨不得罵女兒。

轉眼彤彤上高中了，父母的煩惱和麻煩也就來了：彤彤是在外縣市讀明星高中，因此得住校。結果開學不到三天，彤彤就哭著打電話回家，抱怨說學校餐廳的飯菜不好吃，她每天都吃速食麵，不會洗衣服也沒人幫她，另外與同寢室的室友相處的也不好，大家都欺負她……彤彤的父母趕忙放下手邊的工作，趕到女兒學校，結果發現學校的飯菜其實很可口，只是有青椒、牛肉，所以彤彤不肯吃；彤彤的衣物用品丟的滿寢室都是，同寢的人都拿她沒辦法，而且也不是同寢的女孩難相處，是彤彤自己太任性、太以自我為中心了。

看著哭鬧不休的女兒，夫婦倆都不知道該說什麼好了。

生活中，如果發現孩子自私、任性、不愛乾淨、不遵守公共秩序時，父母就必須及時進行指正，指出這種行為的錯誤，千萬不要認為「孩子嘛！都是這樣，長大就好了。」孩子沒有明確的是非觀念，大人的遷就只會使孩子變本加厲，到最後就會變得不可收拾。

這就是為什麼說，愛必須是嚴格的。嚴才是愛的表現方式之一，沒有真正嚴格的要求，也就不會有真正的愛。

所謂「愛之深，責之切」就是這個道理。嚴格要求孩子，不姑息孩子的一點小毛病，就是在他們懂得道理的基礎上，向孩子提出合理的要求，防微杜漸，不要讓小毛病變成了大患。

當然，運用嚴管的方式嚴格要求孩子講起來容易，做起來可沒那麼容易。原因就是父母總喜歡或容易原諒孩子的一些小毛病，對孩子的一些不太好的習慣或行為與言論給予寬容，而不能夠真正及時糾正或及時指出。做父母的教育孩子一定要懂得愛就必須嚴的道理。

另外，在培養孩子良好的習慣時，必須要有連續、連慣性。當我們固定某一個人——在一般的家庭裏這個人通常是母親——負責培養教育孩子的時候，教育的連續性比較容易做到。當孩子在一個家庭裏有媽媽、爺爺、奶奶幾個人同時負責教養時，這時由於每個人各有各自不同的觀點，沒有一致的認知，在教養孩子上就會出現步調不一，寬嚴不一。

最常見的現象就是在許多家庭中，常出現母親與奶奶或爺爺的衝突。母

親想嚴格要求，爺爺奶奶要庇護。媽媽打孩子一巴掌，爺爺奶奶便把臉拉得老長。因此，防微杜漸培養孩子良好習慣既是一件細緻艱巨的工作，也需要我們當父母的人有持之以恆的精神。

在我們周圍的小孩子之中，最常見的毛病是孩子不愛整潔，對大人沒有禮貌。有的孩子表現得十分霸道，動輒伸出小手打人。孩子的這些不良行為，其實都是父母或爺爺、奶奶不注意教育方式而縱容出來的。

面對孩子的這些行為，一些父母不是立即糾正孩子的錯誤，反而有的父母甚至還鼓勵孩子：「打，打爸爸！」或「打，打叔叔！」有的父親或爺爺，為了逗孩子，甚至當狗爬，或當馬讓孩子騎，讓孩子模仿電影或電視中一些小皇帝或皇太子騎太監的鏡頭，這種縱容只會使孩子更加驕縱、無禮。

另外，一些孩子不愛做事，不喜歡幫忙做家務，這都是因為孩子小時候的懶惰行為沒能引起家長重視，如果父母能夠有意識地安排孩子做一些力所能及的工作，這對培養孩子良好的行為和習慣大有幫助。

比如，父母做事時，吩咐在一旁的孩子拿工具，或幫助打掃環境。讓孩子到鄰近商店購買一些簡單的東西，或寄信等。大一點的孩子，就要讓他洗自己的內衣內褲，以便從小培養孩子的勞動習慣和獨立生活能力。

如果家長不注意糾正孩子懶惰的毛病，那麼孩子就會慢慢變得好逸惡勞，這對孩子的未來發展是極為不利的。遺憾的是，我們許多父母都對這一點缺乏應有的認識。

他們意識不到從小教會孩子幫助父母做家事，是培養孩子做家事打掃環境習慣的主要和基本途徑。另外一些父母還有一些荒唐的觀念，認為這些家務事自己還做得了，還年輕，不必去讓孩子分擔或代勞，孩子懶惰也不是什麼大不了的事。

有的父母還認為孩子將來反正有做不完的事，操不完的心，就讓孩子童年和少年時期多玩一點，自己多做一點。另一種糊塗思想是有些母親做事特別認真，他們總覺得孩子做不好。因而，不如乾脆自己動手，還省事些。

孩子不會做事，正需要學習做事。孩子沒有經驗，也沒有實際操作，當然不可能一開始就做得那麼好。正因為做得不好，才需要父母的教育，才更

需要鍛鍊。而恰恰這一點，讓那些父母忘記了或者忽視了，或者是缺乏耐心去教導孩子。

結果，家中一切包辦，在年輕不需要幫手時，他們還能一切代勞。到了中老年以後，體力衰退，需要幫手時，孩子卻又因為沒有做家事的經驗，不會做事。這類事情在我們的身邊隨處可見。

不注意糾正孩子的懶惰習慣，處處替孩子代勞，孩子就會養成好逸惡勞的惡習。沒有勤勞的習慣，必然就不能吃苦。當孩子走進社會，一旦生活上發生什麼變故，他們就會對生活喪失信心。即使沒有什麼變故，他們在自己的日常工作中，往往會因為缺乏吃苦耐勞的精神，而不能做出什麼成績。

在日常生活中，孩子有一種很容易被大人忽視的不好行為，那就是在公共場所裡，有些孩子見電影院排隊的人很多，就到前面去插隊，或者乾脆不排隊就站到最前面，或搶上公共汽車而且還為父母占位子。這原本是一種不遵守公共紀律和投機取巧的行為，而有的父母也為了圖一時的方便和舒適，不加以阻擋，反而津津樂道地認為孩子機靈。

這種縱容孩子的態度和行為，不但對培養孩子良好的行為不利，還加重了孩子的自私、野蠻、危害公共利益的心態。

所以，父母對孩子生活上的某些小細節絕不能忽視，要隨時糾正孩子的不良行為。

☂

不要姑息孩子的小毛病這樣做只會害了孩子，因為放縱、姑息、遷就是一切不良習慣的根源，只有對孩子的不良行為嚴加管教，才能讓孩子從小養成好習慣。

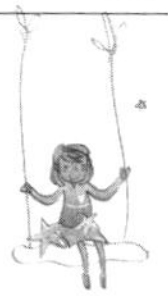

提醒孩子不可有順手牽羊的壞習慣

一些孩子往往在不知不覺中養成了順手牽羊的壞習慣，同學的鉛筆盒，朋友的玩具，「想拿就拿」「喜歡就要」。如果出現了這種情況，家長就該注意了，不要因為事情小就不管不問，必須對孩子防微杜漸，堅決糾正孩子的不良行為，免得孩子將來犯大錯。

小濤是個小學五年級的孩子，他的父親開了間汽車配件商店，媽媽是一家公司的主管，家裏經濟條件很不錯。但據班老師說，小濤有順手牽羊的壞習慣。二年級時，他有幾次把同學的鉛筆、橡皮擦等帶回家了。上了四年級以後，有幾次拿走了同學鉛筆盒裏的錢。老師曾多次對他進行勸誡，但效果不明顯。這次他又拿了同學書包裏的一百多元，學校認為這是個很嚴重的問題，不但請家長找來談話，還表示如果再有類似事情，就請他們把孩子帶走。

這下小濤的父母可慌了，他們沒想到問題會這麼嚴重，其實孩子小時候拿同學文具的事，他們都知道，可是他們那時覺得自己家裡又不缺錢，孩子只不過是覺得好奇，拿來玩而已，沒有必要「小題大作」，沒想到孩子這麼不爭氣，竟然偷同學的錢，而且還屢教不改。

古人說，「勿輕小事，小隙沉舟；勿輕小物，小蟲毒身。」不管孩子的偷盜是緣於什麼原因，亦不管其所偷盜之物價值如何，父母都必須認真對待。千萬不能因為事情小就不去追究，要知道「星星之火，可以燎原。」

因此，家長們應當運用嚴管的方式教育孩子，發現孩子有不良的傾向或行為時，就要馬上糾正，別讓小毛病變成了大問題。

那麼家長怎樣運用嚴管來防止孩子養成順手牽羊的壞習慣呢？

一、在思想上防「微」。從孩子懂事的時候起，就要經常給孩子講一些拾金不昧的故事，告訴孩子不能拿小朋友的東西，因為那樣做是不對的。

小君的媽媽是個老師，她非常注意對女兒的品德教育，從不許女兒隨便拿人家的東西。小君讀小學一年級的時候，老師帶著孩子們去郊外野炊，小君所屬的小組負責撿拾柴木。

孩子們走了很遠的路，又忘記帶水，一個個口乾舌燥的，正在這時，他們來到了西瓜田，田裏滿是大西瓜。孩子們立刻衝了過去，一個沒頭沒腦的男孩說：「西瓜又不值什麼錢，而且現在又沒人，乾脆我們自己拿兩個來吃吧！」

小君立刻反對說：「這是偷竊，是不對的！」幾個男孩不高興地回答：「偷個西瓜難道會坐牢嗎？你不想偷就一口也別想吃！」結果小君一個人走開了。

後來老師從其他同學口知道了這件事，就在全班同學面前讚美了小君，還告訴小君，你有一個好媽媽。

二、生活中，要多注意孩子，細心防「微」。要非常注意觀察孩子的日常用品是否有變化。如：經常性地檢查孩子的書包，看書包裏是否多了東西。如書包裏的橡皮擦、鉛筆、原子筆是否是孩子自己的。這些東西是否多了，為什麼會多？多的東西是從哪裡來的？要注意關心孩子的行為，看行為上是否出現不良的現象。

三、防「微」還要「杜漸」。「杜漸」就是將其杜絕，不讓其繼續發展。當發現孩子有順手牽羊的行為時，不管孩子拿的東西有多麼小、多麼不值錢，都要嚴厲地管教孩子，避免偷竊再次發生。

一天，媽媽看見多多一個人在院裏踢鍵子，不禁有些納悶：兒子怎麼會玩起女孩子的東西來了！她走出去問多多鍵子是什麼時候買的，多多猶豫了一下，然後說：「這不是我買的我是在小敏的書桌上拿的！」媽媽生氣了，「你是沒告訴小敏就拿回來了嗎？」兒子點了點頭。

媽媽立刻指責他說：「你知不知道這樣做是在偷東西？不告訴人家把東西拿走就是偷東西！」多多滿臉通紅地站在那裡，好半天才說：「媽媽，我錯了！」媽媽點點頭，語氣也溫和了些：「那好，趕快把鍵子拿去還給小敏，並向她說聲對不起！孩子，不要認為媽媽對你太嚴厲，你們在學校也學過的，不能偷拿同學的東西，對不對？」多多想了想，認真地點了點頭。

從那次以後，多多再也沒有隨便拿過別人的任何東西。有一句俗語：「做賊偷瓜起。」意思是說：一個人會成為盜賊往往一開始的時候，是從偷拿別人的一個小東西開始的。這就說明，當一個人不良的思想和不良的行為剛處在萌芽狀態時，如果不制止，而是任其發展，就會成為大患。

因此，當發現孩子有順手牽羊的行為時，就一定要防微杜漸，姑息放任只會害了孩子。

如果父母對孩子順手牽羊的行為不以為然，孩子的膽子就會越來越大，由量變到質變。只有對孩子防微杜漸，才能使孩子的成長不出現偏差。

傾聽孩子的「話中話」

媽咪，請聽我說

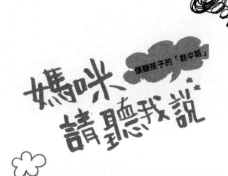

Chapter 10

認錯

讓孩子正視自己的錯誤

教育孩子就是要賞罰分明，孩子做的好就要給予獎勵，但孩子做錯事時一定不能姑息，哪怕只是小錯也要給予適度的處罰，這樣孩子才能正視自己的錯誤，及時改正，免得在錯誤裡越陷越深。

罰小錯才能免大過

有一句話叫做「星星之火，可以燎原」，一點小過錯不斷的縱容，也會累積成大過錯。因此，父母在教育孩子時，一定不要縱容孩子的小過錯，要不然只會害了孩子。

有一個母親非常愛她的孩子，從來也捨不得罵孩子一句。有一天，她的孩子從學校回來，拿出一枝很漂亮的鉛筆給她看，這個母親看了就問孩子：「這枝鉛筆是從哪裡來的？」

「是我從同學那裡拿來的。那時候班上的同學都出去玩球，我是最後出去的。我看到桌上有一枝很漂亮的鉛筆，我很喜歡，就把它放在書包裡帶回家。」母親聽孩子這麼一說，並沒有太擔心，她認為孩子總會犯點錯，長大了就好了。

於是母親很溫和地說：「漂亮是很漂亮，可畢竟是別人的，下次不可以

呦。」但過幾天，這個小男孩又偷了一隻手錶回家。母親發現後，仍然沒有責罵他：「啊！這支手錶看起來好像很貴，被看到就不好了，以後別拿了！」

小男孩被母親再一次的縱容，心裡的恐懼感完全消失，反而覺得洋洋得意。此後，他三天兩頭就從學校或市場偷一些小東西回家。母親雖然知道自己的兒子偷東西，卻從未責罰過他，總覺得捨不得。

就這樣，日子一天一天過去，小男孩已經養成了偷竊的壞習慣，再也改不掉了。後來，因為偷同學的錢，被別人看見，而被送到校長那裡。校長對他的行為感到很生氣，就要他退學，不再讓他上學。

這下子小男孩不上學了，又不肯學一技之長，只好待在家裡。但是男孩的老毛病又犯了，總想到外面去逛逛，看看有沒有什麼好東西可以偷的。

這個小男孩一天天地長大了，所偷竊的東西也一天比一天貴重，膽子也愈來愈大，從偷小東西，演變成偷人家貴重的物品。在一次偷竊的過程中，他用刀刺死了發現他做案的女主人，但他也被趕來的鄰居捉住了。

經過審判，他被處以死刑。執行槍決的那一天。他的母親哭著跟著很多人去了刑場。這時，竊賊向法官乞求說：「我想跟我母親做最後的告別，您能叫她過來嗎？」當母親走近他時，兒子很快地用牙齒把母親的耳朵咬了下來。母親狠狠給了他一巴掌，並痛罵他。但是兒子回答說：「當初我偷鉛筆的時候，如果你是這樣處罰我的話，我也不會落到今天這種地步。」

這個母親不愛孩子嗎？不，她也愛她的孩子，只不過她用錯了教育方式，她對孩子只有獎沒有罰，她姑息兒子的小錯，結果她的愛把她的兒子送上了刑場。就像故事中的兒子說的那樣，如果母親能在他一開始犯錯的時候就懲戒他，他又何至於淪為竊賊呢？

還有一種父母，對孩子的小過總是姑息縱容，如果碰上心情好的話，甚至還要讚美兩句。等到孩子把小錯變大過時，他們就又變得異常憤怒，嚴厲地處罰孩子，這種教育方式也是極不可取的。

六歲的小明總喜歡玩火，只要是與火有關的東西，例如火柴、打火機，甚至於家裡的瓦斯爐他都要去摸一摸。小明的爸爸自己也喜歡各式各樣的打火機，從氣體、電子式打火機到機械式打火機，甚至於還有古老的「火柴盒」……對於小明玩火的行為，父母從來沒有給過任何處罰，他們覺得玩火也不是什麼大不了的，看著兒子熟練地使用各種打火機，小明的爸爸甚至還得意地說：「瞧，我的兒子就是像我！」

一天，小明在家裡玩一個爸爸剛買來的打火機時，一不小心把自己的衣服燒了一個洞，手上還沾上了不少黑灰！小明的媽媽看到兒子的狼狽樣，非但沒有狠狠的教訓他，反而笑得喘不過氣……過些日子，父母帶小明回鄉下的外婆家，一不留神，小明居然和幾個表兄弟一起玩起火來，不知什麼時候開始，外婆家的草堆已經燃起了熊熊大火！小明的爸爸跑來，怒髮衝冠的拉過小明來就是一頓痛打！

在這個故事裡，我們應當指責孩子不懂事嗎？為什麼孩子玩火得不到父母的約束、管制？難道當父母的就一點兒也不知道「玩火自焚」的道理？為什麼小明燒了自己的衣服，父母居然視而不見？媽媽還笑得「喘不過氣來」，一點兒也沒有當場處罰孩子錯誤的想法？

一個六歲的孩子還無法正確認識自己的行為，父母的縱容會讓他以為自

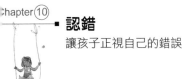

己的玩火行為是正確的。直到孩子一把火燒了外婆家的稻草堆，當父母的才如夢方醒！

類似小明父母的教育方式在生活中並不少見，也不知有多少父母都是如此地處理孩子的過失行為——「小錯嘛，哪個孩子不犯錯？原諒他就是了」；等到哪一次孩子犯的錯誤大了，父母就又覺得不把孩子狠狠地打一頓、罵一頓，孩子是不會牢記教訓的！殊不知這樣教育孩子的觀點、行為都是錯誤的。這些錯誤的觀點和錯誤的行為，當然只能收到適得其反的教育效果。

對於那些家有「玩火孩子」的父母，我們的忠告是：面對孩子的小錯誤，父母要立即糾正，正所謂「堵蟻穴而保千里之堤」。如果孩子犯下小錯誤，當父母的不能立即糾正，一旦孩子犯下大錯誤便後悔莫及了。

父母們應該知道，儘管小孩的判斷能力比不上大人，但是他們區別好與壞的能力還是有的。如果孩子犯了錯誤，在他的意識裡，他會感覺到自己做錯事了。此時，父母應當抓住孩子「我犯了錯」的心理，立即進行有效的教育和行為上的糾正，這樣一來孩子就不會再犯這類的錯誤。

另一種情況是孩子已經自覺到自己的錯誤，父母在旁嚴厲指責時，孩子原本就有的自省心又縮回去了，反而用別的理由強辯，如此一來，即使給孩子什麼特別的提醒也徒勞無功。換一句話說，當小孩犯下了一個很大的錯誤時，切忌在旁邊氣呼呼地指責、謾罵，甚至於大打出手！最好先給孩子一些時間，讓他冷靜一下自己的情緒。過些時候再問他：「那件事怎麼啦？」「那件事你真是做得太過分了！」孩子因為在內心已經檢討過自己的缺失，因此會比較坦然地接受父母的意見。

與其等到孩子犯大錯時又打又罵，還不如在孩子犯下小錯時就立刻處罰。愛孩子就要想的長遠，誰說處罰不是愛的表現呢？

對孩子的行為進行適度的管教

愛孩子就不要放任孩子，不要溺愛孩子。正所謂「玉不琢不成器」，如果孩子做的不好，家長就一定要給孩子適度的處罰，這樣孩子才能正確地看待自己。

教育學家卡爾．威特為了培養兒子的好品行，下了很大的工夫。他從小就給兒子講古今中外名人的各種故事。

在威特稍長大一些以後，父親就讓他背誦各種詩歌。德國有很多歌誦仁愛、友情、親切、有度量、勇氣、犧牲等方面的詩篇，威特很小的時候就能很熟練地背下來了。

由於受到父親的鼓勵，幼小的威特就立志要一輩子多做好事。不過，有時小威特也會在無意中做一些「壞事」。

在威特三歲時，有一次家裡來了好多人，他們和威特愉快地談論著。這時老威特養的一條狗跑了進來，威特像其他孩子那樣，一把拽住狗的尾巴，把它拖到自己身邊。他父親看到了就伸手揪住威特的頭髮，表情嚴肅。

威特吃了一驚，把拽著狗尾巴的手放開了，這時他父親也把手放開了。父親對他說：「威特，你喜歡被人這樣拽著頭髮嗎？」

威特紅著臉說：「不喜歡。」

「如果你不喜歡這樣，那麼對狗也不應當那樣。」

威特的父親不僅讚賞孩子的善行，也對孩子的惡行予以適當的懲罰，父親最主要的目的是為了讓威特能站在他人的立場來考慮問題，使他成為一個心地善良、富於感情的人。

孩子就是孩子，他們難免會出現一些問題和錯誤，因此一定要對他們進行合理的管教，就像威特教育孩子一樣，在孩子做錯事時，就一定要運用處罰的方式來教育他們。

著名的教育家威廉・達蒙在《期待：克服家庭和學校的縱容觀念》中寫道：「所有的孩子都需要接受紀律的約束，這既是積極性的，也是限制性的。」

如果孩子在學習技能，那麼他需要這種約束來發揮他的天賦。而在試探社會規定的極限時（每個孩子都不斷地在這麼做），他們也需要這種堅定而又前後一貫的紀律約束。」

然而做父母的總是很難掌控處罰的準則。一方面，管教是必須的，但過於嚴厲的管教往往容易扼殺孩子的創造力、想像力，以及破壞孩子的自尊和人格的形成。

美國有一個美麗的少女患有憂鬱症，這是由於在童年時期經常遭受父母親殘暴的毆打。有一次，她半夜不小心尿床，父親就用尿濕的床單包住她的頭，並且把她的頭塞進馬桶裡。這種強烈、充滿敵意、過分的處罰，給這個孩子的心靈造成了極大的傷害，以至長大以後她一直無法從父親對她稚嫩心靈所造成的夢魘中復原。

但另一方面孩子也是有判斷力的，放任孩子也很容易讓孩子覺得父母不夠關心自己。當孩子知道自己犯了錯時，不管是因為他的自私自利或是冒犯了別人，他都會期待父母做出適當的反應，畢竟父母象徵著每個孩子所想要

的公平、法令和秩序。

父母若漠視孩子的過錯，孩子就不會尊重父母，也覺得沒有必要聽從父母的話。因此，做為父母，你的責任就是制止孩子的錯誤行為，改變他的行為和思想方向。如果獎懲不分的話，孩子對行為的認定勢必跟著搖擺不定，無所適從。

因此，無論是獎賞或懲罰都應有同樣的程序和原則，做家長的在處罰以前，應該先瞭解什麼是「適度的處罰」，然後才可能實施真正有效的管教，才能在獎勵與懲罰之間尋找到一個平衡點：既不至於傷害到孩子，也不至於放縱孩子。

適度處罰的前提應該要有一個事先定訂好的合理的界線，把制度和規定方式確定下來，並加以公佈。這些規定應該在孩子違反之前就講清楚，一定要讓孩子清楚地知道父母的期待和理由。

當孩子的舉動已經表現出來了，父母也看到這樣的行為了，做父母的就要加以辨識這種行為是否違反已經約定好的規定，是否應該受到懲罰。在處罰之前一定要指明孩子所犯的錯誤，讓他們自己瞭解問題的所在，使他們的尊嚴不會受傷害。

另外家長們還應注意的一點就是，當孩子犯了錯，不得不進行處罰的時候，父母一定要有權威性，就像老威特處罰兒子時一樣。讓孩子知道你是嚴肅的，而且你規定的要求將是伴隨著懲罰或獎賞的。

如果父母抱怨自己的孩子不聽話，管也管不了，那就說明在平時管束孩子的時候，父母沒有建立起自己的權威，無論孩子有沒有聽你的要求，你都沒有進行相應的獎勵與懲罰，使孩子覺得父母的話聽不聽都一樣。

其實這種權威性是透過日常生活的細節和言行舉止樹立起來的。比如父母在管束孩子時要保持一致的態度，這樣可以建立起孩子的標準行為。如果爸爸說可以去做一件事，而媽媽說不可以，這樣會搞得孩子無所適從，無法建立自己的一套行為標準。

所以，即使做媽媽的對做爸爸的管束持有異議時，也最好在孩子不在場時，再與他進行討論。這樣做，也可以樹立起父母雙方的權威性。

另外，適度的運用處罰一定要注意以下幾個方面：

一、按孩子的個性選擇一種恰如其分的處罰方式。處罰的輕重、方式應考慮孩子的個性特點。個性內向的，又不是故意做的錯事，懲罰要輕些，口氣要儘量溫和些；個性外向的，故意「惡作劇」的，要適當地加重處罰。

但這種處罰方式不能過嚴，不能影響到孩子的身心健康。一定要把握好分寸，做到適可而止，決不可以「太過」與「不及」，否則，孩子會變得更加頑固、蠻橫。

二、處罰要及時，父母的態度要一致。教育學家認為，懲罰孩子最好是在孩子剛犯錯誤之時最為適宜，時間拉長了，孩子就很難去反省自己的錯誤。

懲罰孩子最忌父母態度不一致。一個扮「黑臉」，一個扮「白臉」，這樣不但達不到應有的教育作用，反倒給孩子帶來心靈創傷，身心得不到正常發展。孩子也永遠不會改正錯誤。

三、處罰孩子要就事論事。千萬不要無休止地重提孩子過去的錯誤，或提出與此無關的事加重處罰，這樣會引起孩子的厭煩情緒，產生反抗心理，得到不應有的教育效果。

四、處罰要儘量避開他人，維護孩子的自尊。孩子也和大人一樣，有自己的自尊心，最討厭別人出他的「糗」。

五、處罰不能一味嚴苛，罰後要善於給孩子愛。懲罰孩子是為了教育孩子，沒有父母想真心傷害孩子的。

孩子一旦有悔改的表現。就要真心地去擁抱孩子，平心靜氣地告訴孩子，父母懲罰他，是針對他的錯誤行為，只要改了父母照樣疼他、愛他，使孩子也能真正感受到爸媽依然對自己很好，從而增強了改正錯誤的勇氣。避免給孩子造成心靈上的創傷。

處罰孩子也是為了愛孩子，因此一定要掌握好處罰的尺度，千萬不要不分青紅皂白，動輒處罰，否則只會造成孩子的叛逆。

讓孩子為自己的過失承擔責任

很少有家長意識到這一點：讓孩子為自己所犯下的錯誤承擔責任，也是一種處罰。大部分家長常常是這樣做的：孩子犯下錯誤後，家長趕快幫他彌補過失，事後再處罰孩子。其實這樣教育孩子效果並不會太好。

在西方，每個孩子都很清楚地被要求，對自己的行為承擔責任，如果違反規則就要接受合理的處罰。比如當兒子拖拖拉拉地誤了校車時，就讓他自己走路去上學；如果女兒不小心遺失了午餐的錢，就讓她餓一頓。

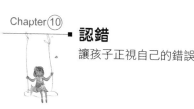

亞力剛上大學時，爸爸和他約定：每月三號給亞力寄四百美元的生活費。結果第一次獨立生活的亞力用錢既無計畫也不節制。三天兩頭與同學到校外餐館揮霍，看到喜歡的東西就買。結果第一個月還沒過完，亞力的口袋裡就只剩下幾個硬幣叮噹響了。

第一個月，爸爸容忍了兒子的無節制做法，提前把第二個月的生活費寄了過來。然而亞力卻不知悔改。第二個月、第三個月仍舊早早就把錢揮霍完了。

終於，在離第四個月的匯款日還有十四天的時候，亞力的口袋裡又只剩下二十七美元了。萬般無奈之下亞力只好寫了一封求救信回家，內容簡短明瞭：「爸爸，我餓壞了。」爸爸也很快的回了信，內容也非常簡短：「孩子，餓著吧！」

這實在是太奇妙了。在那之後只有二十七美元的十四天裡，亞力絞盡腦汁節衣縮食，出手之前必會細細打算，竟然也把艱難的日子熬過去了。

從此以後，亞力開始精打細算，並且發現，其實只要稍稍節制一下不必要的支出，每月只要三百美元的生活費就足夠了。這樣一來，每個月亞力甚至還可以存下一些錢。亞力用這些錢買了許多自己喜歡的書、文具，做了一些比如自助旅遊、捐款等有意義的事情，當然也沒有忘記偶爾和朋友們到餐館裡聚聚，大學生活也比以前過得充實而豐富了。

在這個故事裡，爸爸給亞力的處罰是，讓他自己承受錯誤造成的後果，

認錯

讓孩子正視自己的錯誤

這種處罰的方式可以說是糾正孩子錯誤的良方，比責罵更能給孩子留下深刻印象，因為這種因果教訓更能使孩子直接地面對自己的錯誤。

我們再來看看下面這個故事：在西班牙的一個城市，愛爾胡利的兒子在自家花園裡玩足球，興奮之下，把足球踢到鄰居家的花園中，打爛了一盆百合花。小愛爾胡利怯怯地告訴爸爸，叫爸爸去撿球，爸爸卻要小愛爾胡利自己去，首先要道歉，還要拿上一盆同樣的花作為賠償。小愛爾胡利不得已捧著花不情願地一步一步走向鄰居家。鄰居是一位七十歲的老爺爺法蘭西斯，法蘭西斯看著愛爾胡利淚水盈眶的樣子，非但沒有責備孩子，沒有留下花，還從屋裡拿了一包巧克力送給小愛爾胡利。

愛爾胡利見兒子回到家裡，小臉蛋淚水未乾，但掩飾不住喜悅，又見兒子手裡多了包巧克力，知悉內情的愛爾胡利去找老法蘭西斯，對他說：「法蘭西斯，我兒子犯了錯，我想教育他，請你配合，犯錯的孩子不應得到獎勵。」然後他又要兒子拿著巧克力和鮮花送給法蘭西斯爺爺。過了一天之後，愛爾胡利才藉著一次機會獎勵巧克力給兒子。

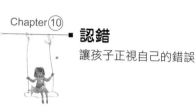

愛爾胡利的做法似乎有點過火，但他是對的，對孩子明顯的錯誤，明知故犯的錯誤，性質嚴重的錯誤，一定要嚴肅批評，並讓其承擔責任，直到他改正為止。

那如何讓孩子學到行為和後果之間的關聯呢？孩子由於年幼缺乏知識和經驗，經常會造成一些過失，這毫不奇怪。譬如，不小心打碎了物品、一時衝動傷害了別人、粗心大意造成了麻煩等。發生這類過失的時候，許多父母都會責怪孩子，比如這樣說：「你怎麼搞的？能這麼做嗎？討厭！快走吧，回家寫作業去。」

於是，孩子沒事了，什麼責任也不必負，回去該學習就學習，該玩就玩。父母則留下來承擔責任，又是道歉，又是賠償。如此這般，孩子怎麼可能有真正的反省呢？細想一下，不正是父母剝奪了孩子履行責任的機會嗎？

因此，有必要讓孩子得到自作自受的教訓。孩子不溫習功課，導致考試不及格；將心愛的玩具放在學校，因而遺失；為了要繳圖書館的罰款，所以沒有零用錢花了。心理學教授查理斯．謝裴爾認為，此類經歷可培養孩子的責任感。

斯特娜夫人非常注意對女兒的過失教育，她常藉著美麗、公正的「仙女」娃娃來獎勵或懲罰女兒。如果女兒做了好事，第二天早起，在她桌子上就會有「仙女」放上的好吃的點心。如果她做了壞事，第二天早上起來就不會得到任何東西。

如果女兒晚上睡覺時把衣服折疊好，「仙女」就會給她一些新的小玩具；如果女兒把玩偶隨便亂扔，「仙女」就會把玩偶藏起來，使她幾天之內不能玩這一玩具玩偶。

有一次，女兒把一個漂亮的娃娃隨意地扔在草坪上，後來，當她回來找娃娃的時候，發現它已經被狗咬破了。因此，她哭著把受損的娃娃拿到媽媽面前。

媽媽接過小娃娃，輕輕地撫摸著它的「傷痕」，同情地說道：「唉，它真是太可憐了！」但是，決不說給女兒再買一個新的。

女兒失望地哭了起來，但斯特納夫人不理她。過了一會兒，媽媽對女兒說：「你把這麼漂亮的娃娃扔在草坪上是不對的，如果我把你放到野外，被老虎和獅子吃掉的話，我會多麼悲痛啊！」

還有一天，女兒要到一個同學家去玩，母親答應了，並要求她必須在十一點以前回來，因為那天母女倆要去看電影。可是，女兒遲到了十分鐘才回到家。當女兒進來時，媽媽並沒有說什麼，只是讓她看了一下錶。女兒知道自己不對，低著頭向媽媽道歉：「我錯了。」吃完飯，她就趕緊換衣服。

這時媽媽讓女兒再看看錶，說：「今天看不成電影了，因為時間來不及了。」

女兒哭了，吵著要媽媽帶她去，但媽媽並沒有被她打動，只是說了一句「對不起，親愛的」。

為了對孩子灌輸勇敢進取的精神，斯特娜夫人還特別安排時間給女兒講述偉大人物的忍耐故事，四歲的孩子已能瞭解簡單的因果關係。

所以，此時父母可用嚴肅的口吻對其講述某種行為可能導致的後果，譬如：「玩具擱在車道上可能會被壓壞。」然後靜觀其效。要像斯特娜夫人一樣，玩具損壞了不可能立刻再買新的，以免破壞了教訓之功效。如果老是怕孩子跌倒，他永遠也不會自己爬起來。

另外家長在處罰孩子時還常犯這樣一個錯誤：他們給孩子的處罰往往與孩子所犯錯誤的性質無關。有些家長竭力使孩子為所犯的錯誤而「體驗痛苦」，卻不去解決孩子的行為所產生的問題。一個孩子考試不及格，爸爸就沒收他的玩具以示懲罰。

另一個孩子沒有收好玩具，第二天就發現，媽媽為了教訓她已經把玩具送給了當地的慈善機構。兩個孩子打架，父母讓他們在地上睡了一個月。這些懲罰對孩子沒有任何意義。

謝裴爾認為：「必須讓孩子明瞭他所受處罰是因他的行為所導致。」我們做為家長的目標就是讓我們的孩子在生活中學會做人——引導、教育、幫助他們形成自我約束感——一種發自內心的對自我的制約，而不是來自外界的約束。任何不能使得孩子在生活中學習做人，不能維護孩子尊嚴的技巧都不能被稱為約束，僅僅稱得上是懲罰，不管它被包裝得多好。

讓孩子從自己的過失中獲得教訓，是一種非常高明的處罰方式，不要擔心孩子無法自己承擔責任，只有讓孩子懂得違反規則就要接受合理的處罰，孩子才能學會自制的能力。

Chapter 11

自我暗示

讓孩子產生「我很棒」的自我感覺

日本教育學家鈴木鎮一說：「有了天才的感覺，你才會成為天才；有了英雄的感覺，你才會成為英雄。讓孩子找到了好孩子的感覺，他就會成為好孩子。」用虛擬的方式，給孩子製造一個「我很棒」的自我感覺，他就會逐漸「棒」起來。

把孩子變成世界上最幸運的人

每個孩子都可以成功，只要你能讓他找到自信的感覺、成功的感覺，然而在生活中，並不是每個孩子都有機會體驗成功的滋味，有的孩子可能成績不好，無法獲得老師的讚美；有的孩子運動不好，從未得到過象徵榮譽的獎牌，有的孩子其貌不揚，無法贏得他人的喜好……這種失落的感覺對孩子來說是極其糟糕的，它很可能會導致孩子產生自卑心理。因此，家長有時需要用虛擬實境的方法來幫孩子找到自信。

這是一個貧寒的家庭，靠著爸爸微薄的工資，一家人相依為命。家中唯一的兒子既懂事，又聽話，可是他不像一般孩子那麼活潑，他有一些畏縮，也許是因為過早體驗到了生活的艱辛，因而對自己缺乏自信。

有一天，兒子眉頭緊鎖，顯得心事重重。父親把一切看在眼裡，關切地問兒子，兒子起初怎麼也不肯說，但他又不想為難父母，後來才吞吞吐吐地

說：「同學們都有自行車，只有我沒有……」

父親沈默了好一陣子才開口說，因為家裡實在沒有多餘的錢。

過了幾天。兒子很高興地跑回家，對父親說：「爸爸，給我一塊錢吧！我要玩商店中的轉輪盤遊戲，轉盤上有自行車。」

父親看著兒子渴望的眼神，沒說什麼，把錢遞給了兒子。

兒子歡天喜地的去了，不久便垂頭喪氣地回來了。

「我果然是世上運氣最差的人，早就該知道是不會中獎的。」兒子憂鬱地嘟囔著。

父親意識到自行車對兒子的重要性，若有所思地轉身走了。

第二天，父親讓兒子再去試一次運氣。兒子有點遲疑，但在父親的鼓勵下，還是拿著錢去了。這回，幸運降臨了，兒子興高采烈地跑回家，對父親說：「我中獎了，我得到自行車了，我是世上最幸運的人，再大的困難也難不倒我了……」

十四年後，兒子事業有成，擁有了不少的家產。只是那輛自行車他一直當作紀念品保存著。每當他受到挫折時，他都會想起自行車，想起他是世界上最幸運的人。

而那位父親呢，一直保守著一個祕密。

父親臨終前，把兒子叫到床邊：「兒子，你知道那輛自行車是怎樣中獎得到的嗎？」

兒子困惑地看著父親，「轉輪盤中的呀！」

「不，這輛自行車是爸爸買的。我從親戚朋友那裡借錢買了那輛自行車。因為，我想給你一種感覺，讓你覺得你是世上最幸運的人……」

有這樣一位懂得如何給孩子心靈激勵的父親，他的確可稱得上是「世界上最幸運的人了」。

生活中，我們經常發現，有的孩子小小年紀便神情憂鬱；在學校裡，熱鬧的地方找不到他的身影；在家裡，也總是縮在自己的房間裡，很少和家人說話，這類孩子是典型的自卑主義者，他們因為長時間沒有受到讚美鼓勵，沒有任何成功的體驗，因此形成了一種消極的人格特徵。

如果讓他們帶著這種情緒長大，走向社會，那麼他們就很可能會成為社會惰性群體中的一員，當然也就很難取得什麼成就。

心理學家認為，自信對孩子來說是最重要的性格特徵，它能使孩子對生活中的許多困難產生心理免疫力。而這位父親的偉大之處就在於，他能夠運用虛擬的方式幫助孩子樹立自信心，讓孩子相信自己是世上最幸運的人。

日本教育界一向很重視用虛擬實境的方式，讓孩子體驗成功的感覺，幫孩子建立自信。

日本著名的教育家鈴木找到了用虛擬方式鼓勵孩子的教育方法後，每年能培養數百個與莫札特琴藝相當的小神童。他一下子在日本成為了家喻戶曉的人物。

一天，一位年輕的母親找到鈴木，帶著有點不信任的口吻跟他說：「你認為所有的孩子都是小提琴家，而我的孩子已經練了兩年了，也沒有任何進步，你若能把他教好，我就服了你。」

鈴木跟著那位母親到了她家，那孩子只有六歲。

母親讓孩子把小提琴拿出來，演奏一段給鈴木聽。小男孩一看有陌生人在，心中發慌。吱吱呀呀拉了一遍，跟鋸木頭一樣好不到哪裡去，還不如平常的水準。

母親又羞又氣地瞪著孩子。

誰知鈴木像發現新大陸似的，一把摟住孩子大聲的說：「你拉得太好了，太動聽了，你再拉一段給我聽聽。」

孩子激動得臉都紅了，拉了一段，每次都要比前一次好一些。

母親在一邊看得目瞪口呆。

拉完了，鈴木又是鼓掌又是讚歎。到走的時候，孩子已完全沉浸在小提琴神童的感覺裡了。母親送鈴木走的時候，說：「鈴木先生，我真的不懂，你怎麼能在孩子面前說假話呢？明明我兒子拉得那麼難聽，你還誇獎他？」

鈴木回答道：「你要知道自信對孩子而言是意味著什麼，只有找到自信，孩子才能找到拉琴的感覺。你有沒有發現，我第一次誇獎他時，他的眼睛睜得好大，這說明孩子受到了感動，心靈開始轉變了，感覺找到了。」

後來鈴木專門輔導這個孩子。不到兩年，這個孩子就舉辦了獨奏音樂會。

鈴木稍嫌誇張的誇獎，讓這個小提琴拉得不怎麼樣的孩子產生了一種前所未有的自信的感覺，孩子甚至相信自己就是小提琴神童，於是積極性有了，自信心也有了，小提琴也拉得越來越好，而這就是用虛擬方式創造出來的奇蹟。

總之，家長應該記住，把孩子變成天才的關鍵，就是要幫孩子找到那種自信的感覺，利用虛擬法就可以輕鬆做到這一點。而且你會發現這並不難：在孩子成績取得一些進步時，熱情地為他祝賀；當孩子在藝術創作或其他方面做得出色時，給孩子一個略顯誇張的讚美，不要懷疑這種做法的作用，只要你能給孩子一個虛擬的成功，他就能成為世界上最幸運的人。

自我暗示不是為了欺騙，而是為了喚醒孩子的自信心，讓孩子相信只要自己去做就一定會成功，有了這種自信，孩子就會積極進取，表現得越來越優秀。

用善意的謊言為孩子加油

父母對孩子的影響力是無與倫比的，如果父母告訴孩子，「你是最棒的！」那麼孩子就一定會相信自己是有前途的，隨之變得更加的有自信、更加的自立自強，因此即便你的孩子不那麼優秀，你何妨給孩子一個善意的謊言，用這種虛擬的方式，你可以把你的孩子變成天才，讓他們在各方面都取得異乎尋常的進步。

心理學家曾做過這樣一個實驗，他讓一個母親把自己的孩子帶到一間溫度在攝氏二十度左右的房間，再讓母親告訴孩子，房間的溫度會慢慢降低到攝氏十二度，這樣孩子慢慢的可能會覺得冷。說完這些話後，母親把孩子一個人留在那間房間。

心理學家從螢幕中看到，孩子縮著脖子，後來把手也縮到襯衫袖子裡去了，而且還打起了哆嗦，最後孩子拼命敲門。出來後孩子對母親抱怨說，那

間房間實在太冷了！而事實上，那間房間的溫度並沒有降低過，始終是攝氏二十度。這樣的試驗，又在其他孩子身上做了幾遍，情況都是相同的。

由此可見，母親的謊言對孩子起到了多麼強烈的暗示作用，因為母親告訴孩子房間溫度將會降低，孩子就接受了這種暗示，他們甚至會因此「冷」得打起哆嗦！這實在是太奇妙了，心理學家因此建議說，如果家長能把這種效應用在教育孩子的方面，那麼一定會給孩子帶來非常好的作用。

一位年輕的媽媽第一次參加家長會，她滿懷期待，老師會給自己的孩子什麼樣的評語呢？

輪到她了，幼稚園的老師說：「你的兒子可能有過動症，在椅子上連三分鐘都坐不了，你最好帶他去醫院檢查看看。」

回家的路上，兒子高興地問媽媽老師都說了些什麼，她鼻子一酸，差點流下淚來。因為全班二十八位小朋友，唯有他表現最差；唯有對他，老師表現出不屑。

然而她還是告訴她的兒子：「老師誇獎你了，說你原來在椅子上坐不了一分鐘，現在能坐三分鐘。其他媽媽都非常羨慕媽媽，因為全班只有你進步了。」

那天晚上，她兒子破天荒吃了兩碗飯，並且沒讓她餵。

轉眼兒子上小學了。家長會上，老師說：「這次數學考試，全班四十三名同學，你兒子排第四十一名，而且他的反應奇慢，我們懷疑他智力上有些障礙，您最好能帶他去醫院檢查看看。」

回去的路上，她坐在公園的長椅上哭了一場。然而，當她回到家裡，卻對不安地坐在桌前的兒子說：「老師對你充滿信心。他說了，你並不是個笨孩子，只是有點粗心大意，要是能細心些，你會超過坐你隔壁的同學，這次你的隔壁同學排在第二十三名。」

說這話時，她發現兒子黯淡的眼神一下子亮了起來，沮喪的臉也一下子舒展開來。她甚至發現，兒子好像長大了許多。第二天上學，也不用媽媽叫他起床。

孩子上了國中，國三時，她又去參加兒子的家長會。她坐在兒子的座位

自我暗示

上，等著老師點她兒子的名字，因為每次家長會，她兒子的名字總是被列在問題學生的行列之中。然而，這次卻出乎她的預料——直到結束，都沒有聽到老師點到她兒子的名字。她有些不習慣，臨別時還特地去問老師，老師告訴她：「以你兒子現在的成績，考明星高中有點危險。」

她懷著興奮的心情走出校門，此時她發現兒子在等她。路上她拍著兒子的肩膀，心裡有一種說不出的甜蜜，她告訴兒子：「老師對你非常滿意，他說了，只要你努力，就一定能考上明星高中。」後來，兒子從明星高中畢業了。

當大學錄取通知書寄出時，學校打電話要她兒子到學校去一趟。她有一種預感，她兒子被台灣大學錄取了，因為在報考時，她跟兒子說過，她相信他能考取這所大學。

她兒子從學校回來，把一封裝著台大錄取通知書的信交到她的手裡，突然轉身跑到自己的房間裡大哭起來，邊哭邊說：「媽媽，我知道我不是個聰明的孩子，可是，這個世界上只有你能欣賞我……」

這時，她悲喜交加，再也按捺不住十幾年來凝聚在心中的淚水，任它打在手中的信封上……

沒有一對朋友會在打罵中產生友誼，沒有一個孩子會在批評貶低聲中對學習產生興趣。這位偉大的媽媽一直在「騙」他的孩子，然而她善意的謊言卻給她的孩子帶來了信心和勇氣，年幼的孩子相信了媽媽的話，媽媽一直都在用語言、用行動激勵他，「你是最棒的孩子！」

其實每一個孩子都可能成為天才。但一個孩子到底能不能成為天才，取決於家長能不能像對待天才一樣愛他、欣賞他、教育他，能不能給他一個天才的感覺。

比如說：破世界紀錄的運動員們，在開始比賽前，幾乎都有一種預感，覺得自己的狀態很好，能有好成績，而且現場的熱烈氣氛對他們的情緒高漲也起了很重要的作用。透過這些激勵和心理暗示，運動員的自信心得到增強，也以最大的限度發揮了自己的潛能。這種精神上的鼓勵作用，是決定一個人成就大小的重要因素之一。

對於父母來說，鼓勵孩子並且為孩子未來的發展前景考慮，為他們提供

最適當的教育方式，這才是教育的最佳表現。

蘇聯教育學家贊科夫說：「漂亮的孩子人人喜愛，但是愛難看的孩子才是真正的愛。」同樣，賞識和喜愛優秀的孩子是每位家長都能輕而易舉做得到的，但是，我們目前所謂的好孩子畢竟只有很小的一部分，絕大部份的孩子則屬於「普通孩子」甚至是「頑劣的孩子」，對於那些沒有達到父母預期表現的「壞孩子」，關愛才是真正的雪中送炭，他們更需要格外用心的關愛和呵護。對這樣的孩子，父母必須多給予鼓勵，多運用虛擬的方式讓他們相信自己確實是最出色的孩子。

而一些教育學家也透過實驗證明了，對於任何一個孩子而言，只要是他所崇拜的人給他熱情的肯定，就能得到父母期望的表現。也就是說，孩子的成長方向絕大部份是來自父母的期望，你期望孩子成為什麼樣的人，他就可能成為什麼樣的人。

因此，在孩子表現得不那麼盡如人意時，父母們就可以利用虛擬的方法鼓勵孩子，用善意的謊言把孩子的心理調整到一個最正向的狀態，使孩子真的如自己期望的那樣一個個達到目標。

善意的謊言重覆一千遍之後，就會成為真理，為了給孩子製造出「我很棒」感覺，智慧而堅定的「謊言」是不可缺少的。

讓孩子相信自己一定行

每位家長都希望把自己的孩子教育成才，而教育學家告訴我們，要想成功地教育孩子，首先就要幫孩子塑造出「好孩子」的感覺，只有孩子堅信自己「行」，他才能夠成才。

如果家長想知道這種心理暗示的作用有多大，那麼就請看下面這個故事：有一位熱愛音樂的青年，在音樂創作的道路上摸索了很久，進步幅度卻很小。因此他經常懷疑自己是否有音樂天賦，對未來的前途也感到十分的迷茫。後來他決定去拜訪柏遼茲，希望這位他最崇拜的大作曲家為他指點迷津。

這位青年演奏了一首自己創作的曲子後，誠懇地問：「柏遼茲先生，您認為我適合從事音樂創作嗎？」

柏遼茲聽得出來，青年的演奏雖然很熟練，卻缺少某種靈氣，很顯然的，他對音樂的理解還停留在很淺的層次，甚至可以說根本缺乏創作靈感。

一個學過多年音樂創作的人，僅有這種水準，難道不是缺乏天賦嗎？因此，柏遼茲坦率地說：「年輕人，我毫不隱瞞地對你說，你根本沒有音樂才能。我之所以痛快對你下結論，那是為了讓你趁早放棄，另尋出路，免得浪費時間」。

這位青年一聽，此言正好證實了自己的疑惑。他大失所望，帶著羞愧不安的感覺向柏遼茲告辭，然後垂頭喪氣地走了出去。

柏遼茲話剛出口，便感到懊悔：說出這樣的話對這青年的自尊心和自信心是一個多麼大的打擊呀！再說，自己的那番話也未免太絕對了，一個人的天賦有所欠缺時，可以用勤奮來彌補，即使達不到巔峰，也會有所作為的，為什麼要叫人家放棄呢？因此，他決定採取補救措施，挽回這位青年的自信心。

柏遼茲趕快打開窗戶，看見那個青年人正垂頭喪氣地走在街道上。於是他從窗口探出頭，叫住青年人說：「我不改變剛才對你的評價。但是，我認為有必要補充一句，大師們當年對我也是這麼說的。記住，你和我當年一模

一樣，真的，一模一樣！」

這位青年一聞此言，頓時精神大振，重新燃起了信心。多年後，他經過刻苦努力，終於成為一個知名的作曲家。

柏遼茲是這個年輕人最崇拜的人，因此，從帕遼茲口中說出的每一句話都可能帶給年輕人深遠的影響。當帕遼茲斷言年輕人沒有音樂才能時，年輕人立刻失去了信心，而且很可能因此放棄自己在音樂方面的理想。

幸好帕遼茲很快糾正了自己的錯誤，他的那句「和我當年一模一樣」給了年輕人這樣的信念：我和大作曲家年輕時是一樣的，那麼他的現在就是我的未來，只要刻苦努力，我也可以成為著名的作曲家！年輕人不斷努力，而最後他成功了。

這個故事給我們最重要的啟示就是：一個人即使不是真正的天才，但只要他找到了天才的感覺，就一定能夠成才。兒童教育專家周弘為了鼓勵女兒婷婷成才，為了幫女兒找到天才的感覺，為了讓她相信自己「一定行」，就費了不少苦心。

首先婷婷的智商是一百零五與一般小孩大同小異，而天才孩子的智商底線是一百三十，但周弘卻告訴女兒說：「智商只能測記憶力，無法測悟性、靈感，而你正是這方面的天才。另外，他又製造了「海倫·凱勒轉世」的故事鼓勵女兒、教育女兒。

海倫·凱勒是十九世紀美國的一位又盲又聾的偉大女性。她六歲半時一個字也不會說，十八歲時卻會五國語言，因此轟動全世界。一天，周弘看《海倫·凱勒傳》時，無意中發現海倫的生日是一八八〇年六月二十七日，腦子一閃，精神為之一振。女兒婷婷的生日是一九八〇年六月二十九日，天下竟有如此巧合的事！他按捺不住心中的喜悅，趕快把這件事告訴女兒。

「婷婷，太好了，告訴你一個好消息。我一直在納悶，你為什麼這麼聰明有才智，這麼有靈性，這個原因終於找到了。原來你是海倫『轉世』的啊！」

「為什麼這麼說？」女兒不解地問。

「你看，你的生日跟海倫相差整整一百年，一天不差。」

「真的嗎？」婷婷瞪大了眼睛。

「書上是這樣寫的，一點也沒錯。」周弘把書遞給婷婷。

婷婷接過書一看，有點失望。

「她是六月二十七日，我是六月二十九日，相差兩天。」

周弘不慌不忙地解釋道：「據我瞭解，一天不差，海倫媽媽生她時是順產，你媽媽生你時難產，剛好耽誤了兩天。」

頓時，婷婷興奮得兩眼發亮，彷彿海倫的血液已在自己的血管裡奔騰，海倫的靈魂已在自己的腦海裡遊蕩，感覺找到了！

長大後，婷婷自己講，海倫給了她無窮的力量，小時候做事遇到困難時，就常常想像自己是海倫．凱勒。

這個故事也許對許多家長有所啟發。為什麼現在有的孩子明明不笨，但學業成績卻不好，這讓許多家長百思不解，徹夜難眠。其實最根本的原因是找不到感覺。

有了天才的感覺，是成為天才的第一步。「天才的感覺」實際上就是一種暗示，這種暗示一旦埋入孩子的心中，就會漸漸發芽成長為信心的大樹。

既然周弘這位兒童教育學專家都能用虛擬的方法把資質平凡又天生雙耳全聾的女兒培養成美國知名大學的研究生，那麼家長們為什麼不試試運用這種方法把孩子培養成才呢？

比如，你的孩子數學不好，每次考試都不及格，這時你就可以改掉往日訓斥孩子的做法，溫和地對他說：「爸爸，媽媽的數學都很好，根據遺傳學，你一定也具有數學天份，所以多加把勁，你就一定會考好！」這樣做，孩子最初可能會有點懷疑，但你常常這樣告訴他，孩子慢慢就會相信：我真的可以。一個「行」字消除了孩子對數學的恐懼感，喚起了孩子的求知欲，幫助孩子找到了學習的樂趣，孩子就會因此真的「行」了。

持之以恆地相信孩子行，就是要不斷地給予孩子積極的暗示，這樣在無形中就會讓孩子鼓起自信心和學習的熱情，久而久之，孩子就真的會變成一個很「棒」的孩子。

Chapter 12

讚賞

讓孩子在讚美聲中進步

教育學家認為，教育孩子，獎勵是比懲罰更有效的方式。因此他們建議，用獎勵正確來代替懲罰錯誤，用肯定優點來代替否定缺點，這樣既可以避免給孩子造成傷害，又可以使孩子取得更好的進步。

誠實可以獲得更多獎賞

幾乎每位父母都會遇到孩子說謊的問題，而通常父母所採取的教育方法，就是嚴厲的懲罰孩子。而心理學家告訴我們，這樣的教育方法對改正孩子說謊習慣的效果並不好，它只會加深孩子的防衛心理，讓孩子繼續以說謊的方式，掩蓋自己的錯誤。

六歲的明明是個小調皮，經常闖禍。有一天，明明見媽媽不在家，就把媽媽化妝臺上的水晶音樂盒拿出來玩，一不小心就摔碎了，明明很害怕，就把碎片扔進了垃圾桶裡。

但媽媽回來後還是發現了，她揪著明明的耳朵，問他到底是誰弄壞了音樂盒，明明撒謊說是被小貓踢下來的，可是媽媽根本不信，最後明明只好承認是自己摔破的，媽媽更生氣了，她狠狠地打了幾下明明的屁股，「看你還敢不敢頑皮！你知道嗎，那是多有意義的紀念品嗎？」

明明嗓子都哭啞了，他只知道自己因為說了實話而被打，他決定下次再也不跟媽媽說實話了！

不要認為嚴厲的懲罰可以遏止孩子說謊，這樣做往往是適得其反的，當你發現你的孩子說謊時，千萬不要發怒，甚至不分青紅皂白地訓斥孩子。尤其是當孩子主動承認錯誤之後，父母更要給予讚美，肯定他說實話是好的表現，然後指出錯誤的危害性，讓孩子在讚美中知錯能改。

但有不少父母，卻很難做到這一點，往往在孩子說了實話後，知道是孩子犯了過錯，卻遏止不住自己心中的怒氣，便對孩子大發雷霆，甚至把孩子痛打一頓，試想這樣對待犯錯的孩子，那孩子以後還敢說實話嗎？

你應該運用「賞善」的方式，讓孩子知道，勇敢地承認自己的錯誤，而不撒謊去掩飾錯誤，這不但不會帶來屈辱，還會受到獎勵。

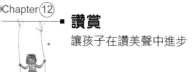

查理．梅爾森膽戰心驚地站在爸爸面前，而爸爸手裡拿著查理的成績單，「說吧！查理，你的數學真的是八十九分嗎？」

查理猶豫了一會兒，現在他決定說實話了，「不，爸爸！對不起，我偷改了成績單，其實是六十九分。」

查理想，爸爸一定會狠狠地罵我一頓，可是他卻聽到了爸爸的笑聲，「很好，孩子！知錯能改就行了！你沒有繼續撒謊，我很高興。拿著，這是誠實的獎勵！」爸爸的手上是一枚閃亮的銀幣。查理歡呼著接過銀幣，跑到街上去了。

剛出家門，查理就被伙伴們拉著去打雪仗。查理捏了一個很大很硬的雪球使勁向皮特擲去，但雪球沒砸到皮特，卻砸碎了對面的玻璃。

查理因為害怕，就飛快地跑開了。但是沒跑多遠就停了下來，他決定回去，用自己那剛得的銀幣來補償打碎的玻璃。他按響了門鈴，從屋子裡出來一位先生，查理說：「先生，是我把你家的玻璃打碎了，但我並不是故意的，希望您能原諒我。」

說著，他把自己那僅有的一枚銀幣拿了出來，然後把它遞給那位先生說：「這是我父親給我的禮物，希望它能夠賠償您的損失。」

這位先生接過了錢說：「你還有錢嗎？」

查理說：「沒有了。」

「好，」那位先生說，「你會有更多錢的。不過你能告訴我你家的住址嗎？」查理告訴了他。

回家後，當父親問及他是怎麼花那個銀幣的時候，查理把白天發生的事情誠實地告訴了父親。父親笑了起來，他遞給皮特兩個銀幣，原來那位先生不但退回了查理的銀幣，為了獎勵查理的誠實，還另外送給他一枚銀幣。

孩子如同一張白紙，而握在父母手中的那支筆，將決定孩子的一生。在這個故事中，查理的爸爸在兒子說了實話後，不但原諒了兒子的錯誤，這使查理認識到，說實話並不可怕，這是完全可以被諒解的，不必說謊。

因此當他打碎了別人的玻璃後，才會主動地去承認錯誤。看來，遏止孩子說謊的習慣，獎勵誠實確實比懲罰撒謊更重要。

另外，教育專家還建議了以下三種方式，可以幫助父母們培養孩子誠實的品德。

第一，用具體的規則來要求孩子。

光講道理是不足以防止孩子說謊的，教育孩子誠實，必須要有行為規範的具體要求，讓孩子從小就按誠實的標準來嚴格要求自己，自覺養成良好的品質。

父母可以針對孩子的實際情況，提出「三不」的具體要求，比如不說謊話、不編假話、未經許可，不拿別人的東西等等。

第二，多給孩子一點誠實教育。

可以用舉實例、講故事的方法給孩子講做人不誠實會帶來什麼惡果，而誠實的品德對人的發展有多麼重要。

要讓孩子堅信，說謊騙人是可恥的行為，必將受到懲罰。教導孩子從小就要做一個誠實的人，自己有缺點、錯誤要勇敢承認，做好自我檢討，也接受他人的批評，決不隱瞞、欺騙。這樣一來，孩子長大後才能坦坦蕩蕩、光明磊落地做人。

第三，面對屢教不改的情況下，應對孩子的撒謊行為進行適當懲戒。

在認真耐心的教育之後，孩子仍然出現說謊等行為時，可以採取一定的

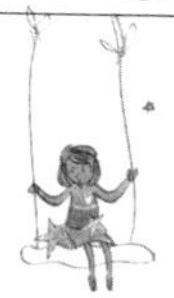

懲罰措施。這種為「戒」而「罰」，也是愛的基本方式之一，然而這又是一種最令人棘手和帶有風險的愛，因為孩子容易抗拒施加懲戒的人。

但是，如果你的懲戒適度，又執行得合理、巧妙，事後講明道理，孩子會覺得受益良多，並心悅誠服。當然，對孩子的懲罰，不要嚴厲到使他甘願冒險說謊的地步。

懲罰撒謊只不過是治標，獎勵誠實才是治本，只有用「賞善」的方式來克服孩子做錯事的恐懼感，才能讓孩子告別說謊的習慣，誠實做人。

熱心的孩子父母最喜歡

現在的社會中有許多孩子是獨生子女，他們備受家人的寵愛，漸漸地養成了以自我中心的習慣，對人非常冷漠。然而，這樣的孩子到社會上是很難立足的，他們無法和別人進行良好的互動。因此，父母們必須試著改變孩子的冷漠，讓孩子變得熱心起來。

那麼怎樣才能改變孩子待人冷漠的心態呢？請看以下這位家長的成功經驗：

我的兒子名叫宋雨喬，今年十二歲，是家裡的獨子、父母的心肝寶貝，今年被評選為模範學生，我們做父母的心裡都很高興，家長會上，老師讚美宋雨喬說：「宋雨喬學業成績優異，開朗又活潑，樂觀進取，更難得的是熱心助人，總是主動幫助同學，從不藏私，在班上十分有號召力。」

當時，有好多家長都問我，怎麼把孩子教育的這麼出色懂事，還有一位家長跟我訴苦，說他的兒子雖然學業成績很好，但卻待人冷漠，不善於合作，這將來到社會上怎麼能吃得開呢！

其實，他們不知道，我們宋雨喬以前也是這個樣子，但是從他九歲起，我和他媽媽就決心幫他改變這種冷漠心態，怎麼做呢？我們試了很多方法，帶他去展望會當義工，跟他講樂於助人的道理、故事……可是效果都很差。

後來，他媽媽偶然聽了一個教育講座，才學會了用讚美的方式來開導孩子。小孩子嘛！總是喜歡被獎賞的，我們就按照專家說的，每當他做了一點好事，哪怕是對周圍的人有一點熱心的表示，我們就立刻抓住機會讚美他獎勵他。

我們看得出他表面上雖然有點尷尬，但內心卻很得意，漸漸地，他做的好事越來越多了：他扶奶奶去醫院，給我送傘，幫助同學解題……到最後他已經會主動的幫助別人了！只要家長用對了方法，再任性的孩子也會變成好孩子！

熱心是一種美德，對一個人的成長發展具有不可忽視的積極影響，一個對人冷漠的人，其實是一個在道德上有缺陷的人，這樣的人即使再有才華，再有能力，最終也很難有所作為。因此，我們必須重視從小培養孩子「熱心」的品性。

孩子往往缺乏判斷是非的能力，而家長的反應就成了孩子判斷對錯的標準，因此讚美就成了教育孩子最簡單有效的方法。

獎賞孩子熱心的行為，孩子做的事得到了肯定和讚美，那麼他就會繼續的做下去。

因此，就算你的孩子只是幫了別人一點小忙，或者替別人著想時，你也要告訴他你贊同他的這一舉動，希望他這樣做，並鼓勵他多為別人做善事。讓他知道你希望從他的行為中看到善意，表現得友好些。如果孩子對他人不友好，就要讓他認識到這樣不好，不是好孩子應該做出的舉動，並表示你對此行為的遺憾，相信他下次會做得好一些，而不是直接地去責罵他。

當然，掌握了這種奇妙的教育方法後，父母們還必須為孩子創造能讚賞他善行的機會。

一、讓孩子設身處地地為別人著想

孩子待人冷漠，往往是因為對別人的立場缺少瞭解，因此我們可以利用同理心，讓孩子設身處地想他人之所想，急他人之所急，樂他人之所樂。例如，可以開展「假如我是……」的角色互換遊戲，使孩子理解、體驗假想角色的內心感受，改變原來的冷漠態度。

一位孩子正體驗「假如我是下班後的媽媽……」的角色互換遊戲，體驗到了媽媽的辛苦，認識到媽媽的不容易，從此改變了原來的做法，與媽媽的心貼得更近了。

二、讓孩子多參加一些慈善活動

書畫家為拯救災民的義賣書畫活動；「展望會」的捐助活動；為美化校園，每人獻上一盆花的活動。老師、父母應多提供一些機會，讓孩子去感受這些活動。

三、讓孩子感受熱心帶來的快樂

孩子們受到了別人的友善相待會感到非常快樂，這清楚地告訴他熱心是一件多麼令人愉快的事，不過，更加重要的是，透過這樣一個機會，讓孩子懂得只要與人為善自己也會獲得快樂。因此，不妨給孩子創造一些表達熱心的機會，例如善待小動物等，他能從中感覺到感激、忠心，並真正懂得熱心的好處。

四、讓孩子在熱心友愛的環境中成長

首先，父母應以友好和愛的方式來教育、幫助孩子，努力使熱心、友好的氣氛充滿整個家庭。另外，友好相待所有認識的人：親戚、朋友、同事、鄰居，以及一切可給予幫助的陌生人。孩子子們在這種環境薰陶下，善良、友好對他來說就顯得非常熟悉、自然。

讓孩子戰勝冷漠心態的關鍵是家長，只要家長能對孩子的熱心行為明確地表示出喜歡，並透過一次次的獎賞讓孩子再接再厲，那家長就一定能得到一個具備善良品德、熱心助人的好孩子。

孩子越誇越好越罵越糟

父母們都十分喜愛自己的孩子，他們希望自己的孩子是最聰明、最勇敢、最完美無缺的人。然而，這是不可能的，孩子們由於缺乏自制能力，往往會有許多缺點：頑皮、不聽話、不愛讀書、不愛乾淨、說謊……於是一些父母就覺得很失望，責罰孩子，嚴厲地教導孩子，希望他們能很快改掉缺點，結果他們更失望了，孩子越管反而越糟糕。這些家長都是很盡責的父母，只不過他們用錯了教育方法。

一位家長沮喪地找到兒子的老師，「老師，你幫我好好管管小東吧！他怎麼這麼不爭氣啊！說謊、蹺課、不聽話，從來就沒見過這麼壞的孩子！再這樣下去我還有什麼指望啊？！」

老師驚訝地看著這位家長：「你就是這樣看待小東的嗎？」

老師隨手拿起一張被墨水塗髒了一塊的白紙，「你看到了什麼？」

「什麼?」家長不明所以地回答,「不就是一塊墨水嗎?」

老師笑了,「為什麼你就只看見了墨點沒看見這張白紙呢?髒了的只是一小塊,其他的地方還是雪白的呀!你眼中的小東說謊、不聽話這是他的缺點,可是他還有更多的優點呢!他善良、聰明、會畫畫、創造能力強、熱心……」

家長笑了,「我可真是個粗心的父親啊!竟然忽略了孩子的優點,謝謝您,老師!」

生活中,很多父母總是盯著孩子的缺點和錯誤不放,就如同只看到墨水的黑點而看不到大張的白紙,這種情形對教育孩子是極為不利的。因為家長只看到缺點,就會不停地斥責孩子,責備孩子改正,而心理學家告訴我們,孩子是越罵越糟,越誇越好的。只有運用「讚賞」的方式,發現孩子的優點,肯定孩子的優點,才能幫助孩子戰勝缺點,不斷進步。

一個孩子在奶奶家和父母家判若兩人。每次在奶奶家,奶奶都對他讚不絕口:「這麼乖的小孩子真是難得,小小年紀就懂得禮貌,還知道吃東西的

時候要分一份給奶奶！而且呀，我的寶貝孫子都知道要幫奶奶做家事，真了不起，奶奶要做你最喜歡的雞蛋糕獎勵你！」

可是回到自己家裡卻是另一番景象了。一進門媽媽就開始數落：「像你這麼調皮的孩子真是天下難找，說你有多搗蛋就有多搗蛋，你看衣服弄得那麼髒，多麼討厭啊！」

爸爸也跟著罵他：「整天遊手好閒，不愛唸書，該做什麼都不知道，我怎麼會有你這種沒出息的孩子！」再看看孩子，帽子歪戴著，汗也不擦，一副毫不在乎的樣子。

是什麼原因？奶奶總誇他的優點，於是，越誇越好，在奶奶家，他就是好孩子；父母老是訓斥他的缺點，於是，越罵越糟，在自己家裡，他就是壞孩子。

心理學家經過千百次的實驗與觀察發現：小孩子總是在無意識中依大人的評價調整自己的行為，以達到父母獎勵，或者抱怨中屢次提到的「期望」。

因此家長們應掌握賞善的策略，不要只顧批評孩子的缺點而是要反過來，多對孩子的優點進行獎賞，這樣孩子就會在不知不覺中改正缺點，成為父母所期望的樣子。

在很多家庭中，有缺點的孩子被責罵是件毫不奇怪的事，因為父母們認為，這完全是為了孩子好，不罵孩子怎麼會改正錯誤呢？然而這只是家長的一廂情願，幾乎百分之百的孩子會認為，大人們這些無休止的嘮叨與責罵，簡直就是黑暗統治，特別是對一些有缺點的孩子來說，更是一場災難。

父母們也許不知道，沒完沒了的嘮叨與責罵，會徹底擊垮孩子的自信，會促使孩子更加的沉淪。

有時候，許多孩子喪失上進心，並不是因為他們不求上進，而是因為他們有一些進步並表現出自己有上進心的時候，常被父母、老師所忽視。而當他們不經意地表現出一些缺點和不足之處時，卻會馬上遭到父母們不分場合、不講方式、無休止的呵斥打罵，或者是一而再、再而三地指責、教訓。

其實，聰明的父母們應該知道，與其揪住孩子的缺點和毛病不放，不如多下點功夫，多發現他們的優點與長處，加以讚揚與肯定，用肯定優點的方

法去糾正缺點，逐步將他們引導到積極上進的道路上來。每個孩子身上都有潛在的能力，都有他們的特點。

作為父母，應該抓住這些特點，透過鼓勵，使它成為孩子進步的啟動點，用這小小的星星之火，點亮孩子智慧的火炬。每個孩子都能點亮智慧火炬的火花，認真對待每一顆心靈的火花，抓住它，強化它，也就是說努力去發現、鼓勵、展現孩子的每一個優點，把每一個優點都當作潛在的啟動點。

看問題的著眼點不同，會得出完全相反的結論。家長們要多肯定孩子的優點，而不是揪著孩子的缺點不放，那麼孩子一定會更加努力地調整自己的行為，往父母期望的方向發展。

傾聽孩子的「話中話」

媽咪，請聽我說

Chapter 13

立規

用合理的規則讓孩子學會自制

孩子的自制能力較差，而家長「不要這樣」「不要那樣」的說教方式又容易引起孩子的厭煩，因此家長可以為孩子建立一套行之有效的行為規則，作為孩子判斷自己行為的依據，以此來約束自己的行為。

用規則要求孩子做自己的事

生活中，一些父母經常為孩子過分貪玩、不愛整潔、不肯做自己的事而頭痛。比如，一些孩子把用品隨手亂丟，房間弄得亂七八糟，不洗衣服等等。

要孩子主動去做這些事幾乎是不可能的，催促和命令也不見得有效，因此家長不妨考慮考慮老祖宗留下的智慧「沒有規矩不成方圓」，如果能為孩子訂立適當的規則，那麼孩子就會在規則的約束下，自覺地去做該做的事。

生活中，父母們往往是命令孩子或者說是用父母的權威強迫孩子做家事的，那麼這樣做的效果又是如何呢?請看下面這個例子：

婇芸十三歲了，媽媽認為已經上中學的女兒應該自己洗自己的衣服了。

於是在一個週末，婇芸把髒衣服抱給媽媽時，媽媽拒絕了，並要求她自己洗，婇芸不高興地把衣服扔在洗衣機上面，轉身走了，媽媽把她拉回洗衣機旁，強迫她把衣服洗了。

到了第二周，婇芸仍然把髒衣服又扔在了洗衣機旁，怎麼也不肯洗衣服。媽媽真有點拿她沒辦法了，只好自己一邊洗一邊數落婇芸：「都已經十三歲了，還什麼也不知道要做！自己的衣服不洗、房間也不知道收拾，家裡的家務事更是指望不上你，你說你還能做點什麼？」

這位母親要求孩子做家事是正確的，不過她所使用的方法卻有問題，很明顯的她高估了孩子的自制能力和做家事的自主性。孩子畢竟是孩子，唯一能讓他們自動自發去做的事情恐怕只有「玩耍」，父母仍不應該指望用命令就可以讓孩子主動去做家事。

教育學家建議父母試試「立規」，即給孩子訂立適當的行為規則，用規則來約束他們。這樣孩子才知道自己應該做什麼，父母希望自己怎樣做。

睿誌是個九歲的男孩子，每天的活動就是學習和玩，不過睿誌的父母覺得孩子似乎已經大到可以幫忙做一些家務的時候了。因此有一天，爸爸把睿誌找來談話，告訴他自己決定將庭院交給睿誌負責打掃。

現在全家人都有了各自的工作任務了：媽媽要負責做飯，爸爸上班，睿誌的哥哥在外地上大學，睿誌上國中的姐姐要幫媽媽洗衣服，打掃各個房間，睿誌則打掃庭院。然而一個星期過去了，睿誌還沒有動手打掃的意思，這時爸爸發現自己制定規則時犯了一個錯誤：規則不夠明確具體。於是他又做了一些新的要求：睿誌要每週徹底打掃一次庭院，院子裏的秋千、座椅要擦乾淨，每週給草坪澆兩次水，院子裏的物品要擺放整齊。

為了讓睿誌真正明白自己的意思，爸爸帶著睿誌做了第一次徹底的打掃。從那以後，父母就再也沒為庭院費心過，睿誌總是嚴格的按照規則做事，他已經完全把庭院看成了他的「勢力範圍」，誰要是在庭院裏扔了一團紙，睿誌一定第一個跑過去把紙撿起來。

用規則來約束孩子是個切實可行的辦法，它對於培養孩子的自覺性是非常有效的。另外，還可以再制定一個獎懲制度。比如，如果孩子確實按照了規則去做，工作效率不錯的話，他就可以獲得一個獎品（不必太貴重）；而如果孩子「怠忽職守」，沒有完全按照規則去做，那麼就要受到一定的處罰（增加任務量或重做一遍），這樣孩子就會慢慢學會自我約束。

另外，家長在制定規則時，要考慮三項要點：明確、合理、可行。

一、明確

清楚地指出孩子該做或不該做的事。大部分的父母並未給予子女清楚明確的期望。舉例來說，若想用整理房間來改變孩子貪玩，可定以下規則：一星期整理房間一次，這句話不夠明確。明確的期望應該是：每星期六中午之前，把房間打掃乾淨。

檢查事項：

所有髒衣服都放在洗衣籃裏；

傢俱擦乾淨；

地毯用吸塵器吸過；

所有玩具都放到玩具箱裏；

乾淨的衣服都整理好。

站在孩子的角度檢查你制定的規則。「房間整理乾淨」這句話可能模糊不清。對孩子來說，這項任務可能難如登天。檢查項目應該列出明確步驟，而且一次只做一項。

二、合理

合理就是要根據孩子的年齡、體力等具體情況，定出適合於他並能夠完成的工作。如：對四歲的小孩來說，父母可以期望他把衣服、玩具整理好，但不能要求他清除灰塵或打掃房間。

三、可行

孩子的房間怎樣才算乾淨，你可以看出來。上表所列的檢查項目是可行的。但事實上，許多父母都可能對孩子制定一些不太符合實際的規矩。

這通常發生在青少年身上。比如，「你必須隨時保持房間的每個角落都一塵不染」，這個規則就很不可行，因為孩子不可能一天到晚守在家裏打掃房間。「你應該儘量保持房間的整潔」。這可能就是比較可行的規則。

訂立一套規則，不但可以讓孩子自動自發的做家務，還可以鍛鍊孩子的自制能力，這對孩子未來的發展是相當有益處的。

給孩子制定一項長遠的規則

規則有兩種，一種是細部的規則，讓孩子每走一步都有規矩可循，還有一種規則是長遠的、宏觀的規則，訂立這種規則是為了讓孩子自己來訓練自己。

吳菲期中考試失利了，原因是這半學期以來玩得太「凶」了，六科竟有三科不及格。成績出來後，爸爸找吳菲談了一次話：「菲菲，為了讓你能好好的讀書，爸爸要給你制訂規則，督促你的課業，沒意見吧！我要求你期末考試時必須進步三十五名左右，回到你原來的名次那兒，然後，我們再來把它分割一下，要想達到我的要求，你平均每科要進步二十三分，你可以自己先評估一下，為此你需要付出多大的努力。

爸爸不會具體規定你每天要讀到幾點，要讀些什麼內容，現在我已經給你制訂了大規則，而且也給你擬定了小目標，那麼接下來就全靠你自己了！

怎麼樣，有信心嗎？」「有！」吳菲興奮地回答。

前文，我們講過用具體的規則來約束孩子做家事，但這並不適於孩子的課業。我們不能規定孩子每天必須讀幾個小時，讀到幾點，讀哪一科，這不實際，我們只能是把規則訂得更寬鬆、更長遠，讓他們根據自身的情況，靈活地去學習，自動自發地去學習。

比如在這個故事裏，爸爸並沒有給吳菲制定具體規則，只是給出了一個方向，吳菲的爸爸真的很懂得教育孩子，他知道把規則定到什麼程度會讓孩子覺得更輕鬆，更容易接受，更有利於孩子學習上的循序漸進。

另外有經驗的教師或父母都知道，一些孩子往往會在學習上半途而廢，缺少持之以恆的精神。如果家長面對的是這樣的孩子，那麼就不妨再把規則細分一下，比如每天要認真完成作業，每天學的課程當天必須弄得清楚明白，等等。

當然，用立規的方式要求孩子學習，也不是一件輕輕鬆鬆就可以辦到的事，父母有可能在一開始時要先說服孩子徵求孩子的同意，再督促孩子去執行，對於年齡較小的孩子，也可能要稍帶一點強制執行的語氣。這是一場孩子與父母耐力的較量，只要孩子養成了這種習慣，收穫將是一勞永逸的。

我們都知道一個基本的事實——孩子畢竟是孩子。因此我們教育孩子最重要的方式之一，是用規定和規則來管理孩子的行為。無數的事實告訴我們：強制孩子執行規定，比為此而與孩子爭論要容易得多！

我們的問題是：「究竟對孩子實行多少規定，或者說在多大的程度上，我們對孩子的命令是可行的，多大的程度上我們對孩子的命令是行不通的？」

「天天，不許這樣做！」

「小兔，星期四之前你必須完成書法老師規定的全部作業！」

「果果，這次考試你必須拿到九十分，否則媽媽就不帶你去花蓮旅遊！」

「考不上好學校，你就別再進我們這個家門！」

在上面的「例子」中，天天肯定不會明白他為什麼不能那麼做？小兔也不明白書法老師的作業，為什麼就不能延期到星期四才去完成？至於果果就更不明白為什麼自己的學業成績要和那麼多其他的事情掛鉤？更不用說考不上好學校就再也回不了家的孩子，他分明就是在面對一樁嶄新的冤假錯案！

面對如此這般「沒有道理，也不講道理和不要道理」的規則，孩子們能夠心悅誠服嗎？為什麼我們的父母都那麼普遍的健忘？

父母對孩子有明確的規定與限制，要求他們嚴格地始終如一地執行規定，是孩子健康成長必不可缺少的因素。但是規矩不能是硬梆梆的，毫無道理，如果我們的父母始終能夠做到給孩子以熱愛和溫暖，又能夠在約束和熱愛之間適當的加以平衡，那麼，以這樣的方式所培養出來的孩子，便能夠適應現代生活。

給孩子愛和溫暖、在約束和熱愛之間加以平衡，正是良好的親子關係所協商、協調的結果。這樣一來，既可以使孩子在約束自己的行為上獲得經驗，也可以讓父母對自己確立的「規定」做出必要的改變和修正。

☂

給孩子制定學習的長遠規則，是為了讓孩子更靈活地學習；把規則合理分割細化，是為了讓孩子能更輕鬆，能夠持久地將規則執行下去。

用「家規」來塑造孩子的良好品行

生活中，我們常說：「國有國法，家有家規」。而所謂的家規就是指家庭成員必須遵守的一種行為規範和行為準則。它規定了孩子哪些事能做，哪些事不能做，哪些事做了會受父母的處罰，從而讓孩子自覺遵守規則，塑造自己的良好品行。

其實立家規教子是中國幾千年來家長常用的教育方法，只不過過去有的家規對孩子的處罰是非常嚴厲的，而我們現在所處的時代是二十一世紀了。社會有了巨大的進步，人們的思想、觀念、信仰發生了根本性的變化。因此，運用立規的方式來教育子女要注意吸收古人家規教育的精華，去除其糟粕。如，我們可以嚴肅地要求孩子遵守家規，但卻不能因為孩子違反了家規，就粗暴地體罰孩子。認識到這一點後，我們就可以合理地運用家規，教育好我們的孩子。

雁霓已經六歲了，可是做起事來總是慌慌張張的，闖了禍又常「耍賴」，為了讓雁霓改掉這個壞毛病，爸爸特地訂了這樣一條家規：從即日起，每個人都要為自己的行為負責，做錯了事只能自己去承擔一切後果。為了讓雁霓把這條家規當一回事，爸爸和媽媽還演了一回「苦肉計」。

爸爸故意打翻了一杯酒，把媽媽放在桌上的衣服給弄髒了。於是按照家規，爸爸只好一個人拖地板、給媽媽洗衣服，雁霓眨著眼睛在旁邊看著，小嘴驚訝地半張著。

沒過幾天，雁霓也闖禍了，她踩著小板凳去櫥櫃拿點心，一不小心拉扯到了爸爸新買的茶具，茶具被摔壞了，幸好是裝在盒子裏，沒有傷到雁霓。結果，爸爸和媽媽嚴肅地看著雁霓，要求執行家規。

雁霓只好一個人把廚房地面掃乾淨，把茶具扔到垃圾筒，甚至還給爸爸寫了張欠條，答應以後賺錢了再給爸爸買一套茶具。從那以後，雁霓做起事來沉穩多了，即使偶爾闖了禍，也總是主動去承擔責任。

孩子的品行是可以塑造的，你不必對孩子喋喋不休地說教，一條家規就

可以幫你做到這一點。比如，你希望孩子有誠實的行為，那麼就不妨立一條，「說一句謊話要做一星期家務」的家規，而且每次都嚴格執行，相信要不了多久，你就會得到一個誠實的孩子。

「立規」的另外一個好處就是可以培養孩子的自制力。老威特對兒子卡爾．威特的要求非常的嚴格。他為孩子制訂了一些家規，而且每一條都被一絲不苟地執行著。在小威特六歲的時候，老威特曾帶他去看望一個牧師朋友，並在那兒住了幾天。

第二天吃早點時，小威特打翻了一些牛奶。按在家裏的規矩，打翻了東西就要受罰，為此他只能吃麵包了。小威特本來就喜歡喝牛奶，再加上朋友為了他的到來，還特地幫他調製了新鮮的草莓牛奶，並添加了最好的點心，這對小威特來說還真是誘惑不小。他在打翻了牛奶後臉紅了一下，遲疑了一會兒，但終究還是沒有再喝。

牧師的家人看到這種情況，只得再三勸他喝牛奶，可是小威特還是不喝，還解釋說：「因為我打翻了奶，所以就不能再喝了。」朋友家的人還是再三勸說他：「沒關係的，一點關係也沒有，喝吧，喝吧！」老威特在旁邊一邊吃著點心，一邊故意裝做沒看見。

小威特還是堅持不喝，在萬般無奈之下，過於疼愛小威特的朋友全家就向他父親進攻了，他們推測一定是由於他訓斥了兒子。為了打破僵持局面，老威特讓兒子出去一下，待他向牧師全家說明原因以後看看情況是否會有所變化。

他們聽後責怪老威特：「對一個剛滿六歲的孩子，因為一點點過錯就限制他不能喝和吃自己喜歡的東西，你的管教太過於嚴苛了！」老威特只得加以解釋說：「不，兒子並不是因為懼怕我才不喝的，我們訂的規矩就是這樣的，而是因為他打從內心裏意識到這是約束自己的紀律，所以才不喝的。」

老威特的解釋還是不能讓朋友相信，於是他只好透過做一個試驗來驗證事實真相：「既然這樣，那麼我們可以測驗一下，我先離開這個房間，你們再把我兒子叫來，勸他喝，看他是否會喝。」說完，老威特就走開了。

待他離開房間後，他們把小威特叫進屋裏，熱情地勸他喝牛奶、吃點心，

但毫無效果。小威特還不斷地對他們說：「儘管爸爸看不見，你們和我的心靈卻能看見，我不能違反規矩做撒謊的事。」

實在沒有辦法了，他們只好把老威特叫進去，小威特流著淚水如實地向父親報告了情況。老威特冷靜地聽完後，便對他說：「威特，你對自己良心的懲罰已經夠了。因為馬上要去散步，為了不辜負大家的心意，把牛奶和點心吃了，然後我們好出發。」聽到老威特說出這樣的自豪感，他這才高興地把牛奶喝了。僅僅六歲的孩子就有這樣的自制能力，朋友全家都深感不解。

當孩子受到家規的不斷約束後，他就會慢慢養成良好的習慣，自覺地遵守家規，這種自覺會使孩子擁有良好的自制力，遇到誘惑也絕不動搖。

用家規教育孩子的好處還有很多，這裏就不再一一列舉了，父母們應該注意的是，在運用此方法的時候不能違背以下幾點要求：

一、家規的制定必須有利於孩子的身心健康。既要能約束孩子的行為，也不能過苛、過嚴，要從有利於孩子的健康和進步出發。

二、家規在執行過程中必須保持其嚴肅性、一致性，也就是說要維護家規的權威。當孩子做錯了事，違背了家規的規定時，一律按章處罰，決不能因為心疼孩子，就把家規打折扣；同時要按時處理，不能拖延。這樣的家規才能對孩子具有約束力，才具有家規的權威性和震懾力。

三、家長必須處處做孩子的榜樣，自覺地遵守家規的規定。這樣，無形中，給家規賦予一層神祕的色彩，更增加了家規的權威性。

國有國法，才能長治久安；家有家規，才能教子成才。只要父母們能合理地制訂家規，嚴肅地執行家規，那麼就可以把孩子教養成品行優良的好孩子。

現代親子
30

媽咪請聽我說 ：傾聽孩子的「話中話」

雅致風靡　典藏文化

親愛的顧客您好，感謝您購買這本書。即日起，填寫讀者回函卡寄回至本公司，我們每月將抽出一百名回函讀者，寄出精美禮物並享有生日當月購書優惠！想知道更多更即時的消息，歡迎加入"永續圖書粉絲團"您也可以選擇傳真、掃描或用本公司準備的免郵回函寄回，謝謝。

傳真電話：（02）8647-3660　　電子信箱：yungjiuh@ms45.hinet.net

姓名：	性別：　□男　□女
出生日期：　年　月　日	電話：
學歷：	職業：
E-mail：	
地址：□□□	
從何處購買此書：	購買金額：　元
購買本書動機：□封面 □書名 □排版 □內容 □作者 □偶然衝動	
你對本書的意見： 內容：□滿意□尚可□待改進 封面：□滿意□尚可□待改進	編輯：□滿意□尚可□待改進 定價：□滿意□尚可□待改進
其他建議：	

您可以使用以下方式將回函寄回。

您的回覆，是我們進步的最大動力，謝謝。

① 使用本公司準備的免郵回函寄回。

② 傳真電話：（02）8647-3660

③ 掃描圖檔寄到電子信箱：

yungjiuh@ms45.hinet.net

沿此線對折後寄回，謝謝。

廣 告 回 信
基隆郵局登記證
基隆廣字第056號

221-03

雅典文化事業有限公司 收

新北市汐止區大同路三段194號9樓之1

雅致風靡　典藏文化